L'ART

DE

JOUER DU PIANO

par

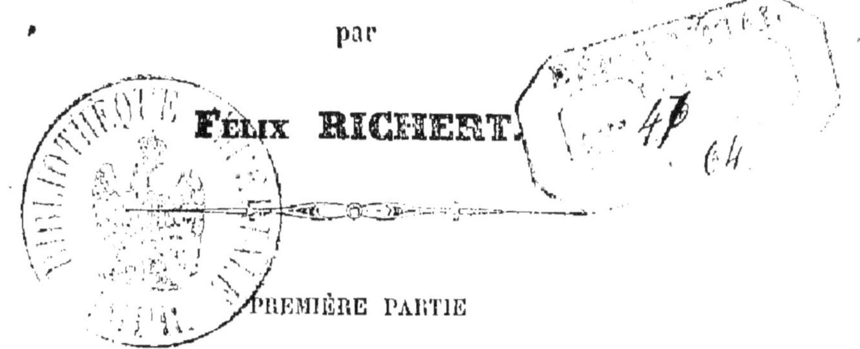

FÉLIX RICHERT.

PREMIÈRE PARTIE

SYSTÈME DU MÉCANISME FONDAMENTAL

ou

BASE TECHNIQUE DE L'EXÉCUTION.

GUIDE THÉORIQUE DU MAITRE ET DE L'ÉLÈVE.

PARIS

Chez A. LEDUC, éditeur de musique, rue Ménars, 4.

1864.

A MONSIEUR FÉLIX LE COUPPEY,

Professeur de piano au Conservatoire impérial de musique,
Chevalier de la Légion-d'Honneur.

MONSIEUR ET ILLUSTRE MAÎTRE,

Le public reconnaît en vous la personnification de l'art du Piano dans toute la hauteur de son développement technique et la profondeur de son expression musicale; le Corps des pianistes voit en vous le digne représentant de son art, et vous place au premier rang parmi les maîtres de l'école moderne.

Quant à moi, j'ai tenté de coordonner dans ce livre le *Mécanisme de l'art du Toucher* en un *Système* méthodique basé sur les lois de la nature, comme unité organique de toutes les méthodes particulières, telles qu'elles sont depuis longtemps en usage dans la pratique vivante des virtuoses et des maîtres enseignants.

C'est seulement dans ce sens que j'appelle ce travail mon œuvre personnelle, et c'est aussi dans ce sens que j'ose, sans crainte de vous manquer de déférence, me placer publiquement en face de vous pour vous en offrir la dédicace, — et, en votre personne, à tout le Corps enseignant.

Ce sont vos encouragements qui m'ont affermi dans la voie périlleuse et difficile où je m'étais engagé; recevez donc ici ce témoignage public de ma reconnaissance et de mon sincère attachement.

FÉLIX RICHERT.

A MONSIEUR FÉLIX RICHERT.

MONSIEUR,

J'accepte avec un grand plaisir la dédicace que vous voulez bien m'offrir.

Vous êtes, Monsieur, un *chercheur* d'idées nouvelles. Je vous félicite de suivre cette voie dans laquelle on découvre souvent des vérités depuis longtemps inaperçues.

Je suis très-sensible à la flatteuse pensée que vous avez eue d'attacher mon nom à votre ouvrage. Je vous offre ici tous mes remerciements et vous prie, Monsieur, d'agréer l'expression de mes sentiments les plus dévoués.

F. LE COUPPEY.

Paris, le 8 septembre 1864.

DISCOURS PRÉLIMINAIRE

Le présent ouvrage est le résultat d'une longue expérience pratique dans l'*Art du Piano*, expérience grandie par l'étude approfondie des ressources de l'art et par l'observation et les recherches dans l'enseignement. Une sorte de vocation naturelle m'attira instinctivement vers la carrière de l'enseignement musical, et fit que je l'ai remplie avec amour : le désir de connaître à fond tout ce qui se rattache directement à cette science, fut la conséquence de cet amour. Rechercher la relation entre les phénomènes externes et leurs causes internes est d'ailleurs une tâche commune, dont la solution en toutes choses réclame le concours de tous.

Mais que sommes-nous tous, chacun avec ses moyens individuels et son action toujours limitée, en face de la grandeur et de la difficulté de la tâche? A cette pensée, chacun ne doit-il pas sentir l'insuffisance de ses facultés et de son action, même pour la solution de la part spéciale qui lui est échue; et quel besoin n'a-t-il pas de la coopération de tous pour se compléter? Ce que nous ne possédons pas en nous-mêmes, nous ne pouvons le distribuer au dehors, et encore, tels nous sommes, tels nous réagissons sur ceux qui nous sont confiés: ainsi le veut la loi de la nature.

Mais aussi, combien ne devraient pas grandir les moyens personnels et l'action de chaque individu par l'activité concentrée de tous, autant que cela pourrait se réaliser dans une entente littéraire et orale pour le but commun? Chaque pas dans cette voie serait profit pour tous et pour la chose commune: à cet égard, les professeurs de musique devront reconnaître eux-mêmes qu'il leur reste encore bien plus à faire, qu'ils ne font généralement, à moins qu'ils ne veuillent s'exclure eux-mêmes de cette *union de tous*.

Cependant tout nous prêche la nécessité du partage du travail et de l'union des efforts et des connaissances pour la solution de la tâche commune. Cette communion de tous, cette confraternité est si peu une pensée nouvelle, que nous la voyons déjà à l'œuvre lors de la fondation du christianisme, à l'époque sublime de la grande révolution française, en un mot, partout où l'humanité a réalisé un progrès. Elle est partout la pensée vivifiante, l'espoir de l'avenir, en grand, comme en petit, dans le tout comme dans la partie; elle l'est aussi pour les arts, pour la musique et pour son enseignement.

Et que peut-on, que doit-on faire pour cette communion de tous dans l'enseignement? — Avant tout, si elle ne doit pas rester une impossibilité ou un mot vide de sens, il faut s'entendre sur le but et les moyens, sur la nature et les conditions fondamentales de la matière d'enseignement. De cette entente surgira ce qui nous est commun à tous, ce sur quoi nous sommes déjà ou nous pouvons être d'accord, et c'est de là qu'il faut partir pour amener l'*unité nécessaire* dans l'enseignement. Ensuite, la carrière de l'enseignement doit être un champ de paix et de fraternité; non pas un glorieux *Campo-santo* pour des indolents, mais un véritable champ de paix et de travail fraternel plein de soulagement pour ceux qui agissent, et plein de germes féconds pour l'avenir.

Quel doit être le but de la culture musicale et jusqu'où chacun peut aller, quelles sont les facultés à cultiver dans l'élève, quels sont les moyens à employer, quelle est la méthode à suivre dans l'enseignement; en un mot, ce qu'est l'art pour l'homme: tout cela doit être conçu, étudié, scruté et résolu par tous. C'est là le but que se propose le présent ouvrage, en ce qui concerne le sujet spécial qu'il traite.

D'habitude on considère un livre comme l'œuvre et la propriété exclusives de son auteur. A un certain point de vue, cela est très-vrai :

il a mûri dans l'esprit de l'auteur, il est né des facultés de son intelligence; à lui le travail, à lui la responsabilité. Mais, d'un autre côté, ce sont non seulement les travaux antérieurs, mais aussi l'incalculable influence des confrères et de leur action, le courant de l'esprit de l'époque, l'état et la situation du peuple auquel on appartient, qui tous ont leur part de droit à chaque œuvre, née de la vie du peuple et du temps. Chacun de nous n'est qu'un anneau de la chaîne électrique que parcourt l'étincelle de l'esprit pour éclairer et vivifier le peuple; aucun des membres de cette chaîne n'a le droit de se faire valoir seul, aucun ne doit négliger sa part de coopération à l'œuvre commune; chacun doit donner ce qu'il a, et recevoir ce qu'il n'a pas : la richesse intellectuelle est la seule qui grandisse d'autant plus qu'on en dispense davantage.

C'est dans ce sens que j'ai écrit ce livre, et je désirerais, avant tout, qu'il ne fût pas considéré comme exclusivement mien. Tout ce que nous tous, mes confrères et moi, nous avons reconnu et découvert, dans le cours du temps et de l'activité artistique, devrait affluer ici comme les sources et les rivières des hauteurs environnantes dans un lac tranquille; ce livre voudrait être considéré comme l'œuvre et la propriété commune de tous ceux qui participent à son objet. Puissent donc mes confrères dans l'art et dans l'enseignement y reconnaître, au moins dans tous les principaux points et leurs conséquences immédiates, ce qu'ils ont découvert eux-mêmes depuis longtemps, y souscrire et le propager volontiers! Chaque œuvre d'art repose d'ailleurs sur des lois naturelles, desquelles nous ne pouvons et ne voulons sortir; j'ai pris pour point de départ les lois naturelles qui servent de base au *mécanisme fondamental* du toucher, et j'en ai déduit toutes les conséquences logiques et raisonnables, suivant mon avis.

Le système dit: *Voici un homme,* — l'élève, — *Voilà un mécanisme,* — l'instrument du piano; — *tel et tel effet doivent être produits* — de la musique; — *quels en sont les moyens et en quoi consistent-ils?* — *comment faut-il employer et relier les moyens donnés* pour le but proposé?

D'après cela, le présent système se caractérise naturellement comme la *base normale* de toutes les méthodes de piano déjà existantes. Avant tout, ce livre pourrait donc être utile aux futurs professeurs de piano et à tous ceux qui n'ont encore aucune idée déterminée sur une méthode d'enseignement; — ensuite, il pourrait peut-être aussi intéresser les amateurs et les maîtres déjà accomplis, en ce qu'ils y trouvent un aperçu général de tout l'élément mécanique du toucher, c'est-à-dire de tous les moyens d'exécution employés par un pianiste complet et fini, le tout organiquement et systématiquement coordonné.

Le plan de cet ouvrage va au-delà du simple exposé de l'*élément mécanique* du toucher. J'ai l'intention de former un *Cours normal complet* de toutes les matières d'enseignement que doit posséder un professeur de piano comme tel, comme musicien et comme artiste. Rien que les préparatifs pour cette entreprise — les études, les projets, le choix des matières et les rédactions partielles m'occupent depuis près de quatre ans, et j'espère pouvoir publier annuellement un nouveau traité, contenant également un exposé approfondi, théorique et pratique, de sa matière spéciale, ainsi qu'après examen mûr et libre de préventions, on pourra peut-être le remarquer dans le présent système. J'ai dû recommencer ce travail bien des fois; car il s'agissait de trouver une forme méthodique pour la matière d'enseignement. Je ne pouvais pas en inventer une, malgré mon ardent désir; mais à force de m'absorber dans la nature des éléments que j'ai entrepris d'approfondir, j'ai fini par me les approprier et par les dominer. Et c'est ainsi que la forme actuelle est en quelque sorte née de la nature même de la chose: elle s'est trouvée comme d'*elle-même*.

On trouvera sans doute que je suis parfois entré dans trop de détails, et que souvent les uns répètent les autres. Sous un certain rapport, cette observation peut être juste; mais il suffit que ces détails contribuent à la clarté au lieu de lui nuire, et qu'ils intéressent un certain nombre de mes lecteurs (si l'on veut bien me lire), pour qu'on ne puisse les considérer comme absolument superflus. D'ailleurs l'expérience m'a appris combien il est difficile de décrire exactement des mouvements souvent si compliqués, de manière à ce que le lecteur soit en quelque sorte forcé de se représenter exactement ce qu'on a voulu dire. L'exemple pratique dans l'enseignement personnel fait comprendre en une seconde, ce qui exige une longue description pour être expliqué avec une rigoureuse clarté.

Si donc un semblable reproche m'est adressé par un pianiste habile, j'y serai peu sensible; car ce n'est pas pour lui que j'écris, mais pour ceux qui *ne savent pas:* j'y reconnaîtrai une fois de plus, que celui qui *sait*, oublie facilement la peine qu'il eut pour *apprendre*. — Si, au contraire, ce reproche me vient de quelqu'un étranger au piano, j'en serai flatté, car cela prouvera qu'il a compris tout d'abord des choses, que ne peuvent ou ne veulent pas comprendre de vieux praticiens, qui jouent du piano comme M. Jourdain faisait de la prose.

Dans la rédaction de cet ouvrage, j'ai eu en vue le grand public, et je me suis efforcé d'être aussi concis et aussi intelligible que possible; j'ai également songé aux professeurs par état et aux pianistes-amateurs; en outre, j'ai eu en vue les élèves qui se destinent à la carrière de l'enseignement, ainsi que les mères de famille qui, demeurant loin de la ville ou ne pouvant disposer d'un bon maître, désirent enseigner le piano à leur enfant ou le surveiller dans ses études. Par là s'expliquent la longueur des descriptions et les fréquentes répétitions partielles de certains détails, qui se rencontrent dans le cours de l'ouvrage. J'y ai distribué les matières de façon à ce qu'un homme doué d'une intelligence ordinaire pût, avec la volonté d'étudier, avoir bientôt des idées justes et rationnelles sur le *mécanisme fondamental* du piano, et pût en faire l'application pratique avec succès. Quoique la théorie et la pratique soient séparées par la distribution des chapitres, elles sont néanmoins réunies par une seule suite de numéros, pour former entre elles un tout complet, en tant qu'elles sont l'une dans l'autre. Par cette distribution le lecteur sera à même d'étudier l'objet qui aura pour lui un intérêt plus spécial.

Cette méthode réunit plusieurs avantages : le premier est de donner à chacun le moyen de comparer le système avec les procédés d'enseignement; — le second, est de rendre mon livre utile même à ceux qui ont déjà la pratique du piano: et ceux-là ne sont pas toujours les plus faciles à éclairer et à convaincre, tant est grand sur nous l'empire de l'habitude! — Enfin, le troisième avantage, qui sera généralement apprécié, c'est d'utiliser toutes les méthodes de piano publiées, qui sont déjà entre les mains de tout le monde, et qui, pour la plupart, sont l'œuvre consciencieuse de grands praticiens. Sans doute, ces ouvrages renferment d'excellentes instructions sur l'étude technique du piano, mais tout ce qui sert de base au toucher — *le mécanisme* — n'y est traité que d'une manière superficielle et empirique. On y trouve tout ce qu'il faut jouer pour la culture technique, moins pourtant la *manière de s'y prendre* pour apprendre à l'exécuter, ainsi que l'exigent les règles subtiles qui s'y trouvent jointes. — Ma seule ambition est de servir d'interprète à ces ouvrages, de mettre chacun en état de les comprendre, et de lui donner la *manière* d'exécuter convenablement les exercices mécaniques qu'ils renferment.

La tâche d'écrire une *théorie complète* du mécanisme fondamental de l'art du piano, ne pouvait appartenir qu'à un pianiste qui est plus *professeur* que *virtuose*. Voilà le seul titre que je revendique pour la légitimation extérieure du présent système.

Je livre donc mon travail à la publicité avec le simple désir de me rendre utile dans le champ de ma carrière. Puissent les véritables amis des arts, ne pas le juger indigne de leur attention! Et si, pendant que je tiens la parole *une fois* pour tous, il m'est permis de faire connaître toute ma pensée, je déclare que je recevrai toujours avec reconnaissance toutes les observations loyales qui me seront faites, sachant par expérience, que pour un auteur qui cherche la vérité, c'est une bonne fortune que la critique, sous quelque forme qu'elle se présente : bienveillante et amie, ou acerbe et passionnée. Je serai entièrement dédommagé du soin que j'ai pris, si le lecteur, rendant justice à mes intentions, voit dans ce livre une œuvre consciencieuse, inspirée par l'amour de l'art et de la vérité.

Félix RICHERT.

Tonnerre, le 2 août 1864.

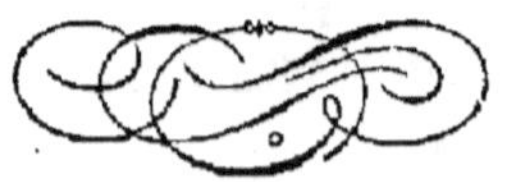

AVERTISSEMENT

Il est nombre de lecteurs qui, n'ayant aucune idée de la méthode à suivre dans l'étude d'une science ou d'un art, s'imaginent qu'il suffit de lire un livre didactique comme un roman ou un journal, pour *savoir* ce qu'il renferme. Ces personnes, sans doute, ne font pas attention que les livres ne sont pas faits pour être seulement *lus*, mais pour être *étudiés*.

Dans l'étude d'une science ou d'un art, il faut à la fois de la patience, du temps, de la réflexion et surtout de la méthode. Dans un ouvrage systématique toutes les propositions se lient, s'enchaînent et sont la conséquence l'une de l'autre. S'il devient inutile d'apprendre le livre par cœur, il ne suffit pas cependant de le lire en courant : *il faut le comprendre et l'apprendre*.

C'est donc plutôt le *raisonnement* et la *réflexion* que la *mémoire* qui doivent présider à une lecture de cette espèce, ou, disons mieux, ces facultés doivent se prêter un mutuel appui. Voilà la condition essentielle pour qu'une lecture porte quelques fruits.

Les numéros entre ( ) offriront au lecteur le moyen de retrouver de suite les propositions sur lesquelles sa mémoire pourrait être en défaut.

INTRODUCTION

NOTIONS GÉNÉRALES SUR LA NATURE DES ÉLÉMENTS

1. L'Exécutant et son Instrument.

1. — Tout effet présuppose une cause, et tous deux, suivant leur espèce, se déterminent l'un l'autre; d'où il suit que, pour pouvoir produire avec connaissance de cause un effet déterminé par l'emploi d'un moyen correspondant, il faut avant tout connaître la nature et le rapport entre les deux. En conséquence, si l'on veut apprendre à connaître les moyens et leur application technique pour acquérir un bon mécanisme dans le toucher du piano, il faut tout d'abord prendre en considération le rapport qui existe entre l'exécutant et l'instrument. — Le premier entre en une certaine relation active avec le second, et le *son*, la *musique*, qui en est le produit résultant, forme comme l'expression matérielle de l'union harmonique entre l'exécutant et l'instrument mis en jeu. — L'exécutant, comme organisme vivant, est l'antithèse de son instrument, comme mécanisme mort : le premier doit manier le second. En conséquence, l'exécutant a pour tâche de se conformer et de s'accommoder aux conditions rigides du mécanisme de l'instrument, et, dans ce but, d'apprendre à se connaître lui-même dans toutes les facultés relatives, afin de pouvoir se former dans les conditions voulues.

2. Moyens mécaniques du toucher.

2. — Les doigts de l'exécutant enfoncent les touches et celles-ci envoient le marteau contre les cordes qui vibrent et produisent le son : la *force* et le *mouvement*, partant des organes de l'exécutant, sont donc les moyens mécaniques pour la production du son, pour la partie technique de l'exécution.

3. — Mais il ne suffit nullement de pouvoir produire seulement du son ; il s'agit bien plutôt de relier les sons dans les formes musicales les plus variées. D'où il suit que le mode d'emploi de la force et du mouvement doit également varier suivant les effets à produire, et que, par conséquent, la connaissance de ces moyens d'exécution est de la plus haute importance. Ce n'est que par une étude suivie, appuyée sur des facultés naturelles et sur une application soutenue, que l'on acquiert peu à peu l'art difficile du toucher, c'est-à-dire la faculté de produire, par des mouvements correspondants, des effets variés de sonorité.

4. — Il devient impossible et inutile d'énumérer et de décrire l'infinie variété dans les modes d'emploi de la force et du mouvement, suivant la manière toute personnelle de chaque pianiste cultivé. De même que tous les phénomènes de la nature vivante reposent sur des *lois fondamentales*, simples et immuables, de même aussi l'infinie variété des mouvements qu'exige le toucher du piano, peut être ramenée à des *mouvements principaux*, dont la justesse et la convenance se démontrent physiquement et mathématiquement, et que la raison et le sens pratique reconnaissent comme étant les plus *naturels* et partant les *meilleurs*. Et c'est précisément sur ces mouvements primitifs que doit se baser le *mécanisme fondamental* du toucher normal.

5. — Ces mouvements primitifs exigent une certaine position et une certaine direction des membres mis en jeu, telles qu'elles sont fondées sur la nature, relativement au mécanisme et à la structure de l'instrument.

L'espèce particulière des mouvements primitifs est déterminée par la nature de la *force* et de la *gravité* : la force est *active*, et la gravité *passive*. La première réside dans l'exécutant, la seconde dans l'instrument : la volonté libre de l'un agit, par l'intermédiaire des muscles et des organes, sur le mécanisme rigide de l'autre. Il s'agit maintenant d'attaquer la touche avec la pointe du doigt et de l'abaisser : dans ce but, le doigt se maintient ferme dans une position arrondie, comme étant la plus naturelle et la plus favorable à l'attaque.

3. Désignation des organes du Toucher.

6. — Les cinq doigts de chaque main sont désignés, à partir du pouce et suivant leur ordre naturel, par les cinq premiers nombres ordinaux, et représentés, par conséquent, par les chiffres : 1 (pouce), 2 (index) 3 (médium, 4 (annulaire) et 5 (petit doigt).

7. — On distingue le côté *intérieur* et le côté *extérieur* de la main ; le côté extérieur s'appelle aussi le *dos* de la main.

8. — La limite entre les doigts et la main proprement dite est formée par ce qu'on appelle les *articulations* de la main. Ces articulations sont plus ou moins saillantes, suivant les mains, et l'on ne tient ordinairement compte que des articulations correspondant aux doigts 2, 3, 4 et 5.

9. — Chacun des doigts 2, 3, 4 et 5 se compose de trois pièces appelées *phalanges*, tandis que le pouce n'en renferme que deux. La phalange qui forme la pointe

du doigt se qualifie d'*antérieure;* celle qui se rattache immédiatement à la main, de *postérieure*, et entre les deux se trouve la phalange *intermédiaire*. Les phalanges se désignent également, à partir de la main, par les chiffres 1, 2 et 3. Les phalanges 1, 2, 3 sont reliées par les deux *articulations des doigts*, qui sont mobiles et se plient du dehors en dedans. On distingue entre les articulations des doigts et celles de la main. Les ongles des doigts doivent être coupés si près, que la partie grasse de la pointe des doigts les dépasse légèrement.

10. — Le bras se divise en deux membres principaux, savoir : l'*avant-bras*, qui va de l'articulation du coude à celle du poignet, et l'*arrière-bras*, qui va du coude à l'épaule. Les deux parties sont réunies par l'articulation du coude, qui ferme en dedans et forme extérieurement une pointe arrondie semblable à celle du genou.

11. — Eu égard à l'emploi des pédales qui se trouvent sous le clavier, nous devons aussi désigner les pieds pour y distinguer la partie antérieure appelée *pointe des pieds*, et la partie postérieure appelée *talon*.

4. Nature et faculté des organes du Toucher.

12. — La force nécessaire pour le mouvement des doigts se trouve être la plus grande à la naissance de chaque doigt, c'est-à-dire à l'articulation de la main, tandis qu'elle va en diminuant vers la pointe des doigts, ce dont chacun peut facilement se convaincre. Mais si les extrémités des doigts manquent de force, elles ont en revanche le privilége de la sensibilité, qui se manifeste dans cette région avec une finesse toute nerveuse. Chaque phalange est soutenue par un os à la fois léger et solide,

et la pointe se trouve consolidée par l'ongle. — Le pouce se meut aussi avec plus de force à son origine qu'à son extrémité ; mais il se laisse facilement influencer dans ses mouvements par le voisinage et la pression de l'index, ainsi que des parties environnantes. Par suite de sa position inférieure, relativement aux autres doigts, il facilite naturellement son propre passage sous les doigts 2, 3, 4 et 5, ainsi que la transposition de ceux-ci par-dessus lui-même.

13. — Le doigt 3 tient le milieu de la main et partage celle-ci en *côté du pouce* et en *côté du petit doigt*. C'est le plus grand doigt et, pour cette raison, le plus fort. Les doigts 2 et 5, comme étant libres, sont après celui-ci les plus forts. Le plus faible de tous, c'est le doigt 4, parce qu'il n'a pas, comme les autres, un système musculaire indépendant, car il est lié au doigt 3 par un muscle secondaire naturellement dépendant de celui-ci. Le pouce, considéré en lui-même, a une force à peu près égale à celle du doigt 2. — De ces rapports de force des doigts entre eux, il résulte que le côté du pouce est le plus fort, tandis que celui du petit doigt est le plus faible et que, par conséquent, le médium est le centre de gravité normal de toute la main.

14. — La *direction* des mouvements des doigts vers différents points devient plus ou moins réalisable par l'intermédiaire des articulations. Chacun des doigts 2, 3, 4 et 5 peut facilement exécuter des mouvements latéraux et circulaires ; par conséquent, chacun d'eux peut aussi, plus ou moins commodément, se transposer *sur* ou *sous* chacun des autres.

En général, les mouvements latéraux, supérieurs ou inférieurs, sont plus difficiles vers le côté du petit doigt que vers celui du pouce, et les deux espèces de mouvements dans chaque direction sont plus faciles pour les doigts 2, 3 que pour les doigts 4, 5 ou 4 et 3. Et si chacun des doigts se transpose facilement par-dessus le pouce, il devient impossible à celui-ci de passer par-dessus les autres doigts. — Le pouce lui-même, par sa position isolée et indépendante, est en état d'exécuter tous les mouvements qui ne rapprochent pas sa pointe vers la paume de la main.

15. — Les doigts sont reliés extérieurement entre eux par des *membranes* qui leur permettent de s'écarter. Les doigts dont les pointes s'écartent le plus, sont 1-2 ; après ceux-ci viennent les doigts 2-3, puis 4-5 et 3-4. Si l'on étend tous les 5 doigts avec la main plate, en manière d'éventail, les pointes forment une ligne courbe dans laquelle celles des doigts extrêmes 1-5 sont naturellement le plus écartées ; néanmoins, les pointes des doigts 1-4 et 1-3 se montrent également très-susceptibles d'écart, seulement elles déterminent une position plus plate des doigts et de la main. Les doigts 1-2 ont à peu près le même écart que les doigts 2-5.

16. — L'*état* des différentes articulations peut varier à des degrés infinis, depuis la plus grande souplesse jusqu'à la plus grande raideur, de même qu'un *état différent* peut subsister simultanément dans plusieurs doigts. En outre, différentes articulations d'un même doigt peuvent se mettre simultanément dans un état différent.

17. — Le *mode* des mouvements peut, suivant la position et l'activité intérieure des organes, être *pesant, pressant, frappant, poussant, heurtant, martelant, sautant*, etc., et en même temps *léger, lourd, faible, fort*, ou d'une nature *moyenne* ou *mixte* quelconque. C'est surtout le poids de la main qui peut exercer une action effective sur celle des doigts.

18. — Le *poignet*, par sa destination naturelle, do-

mine et conduit immédiatement la main, en tant que celle-ci est considérée comme un membre isolé ; l'articulation du poignet est à peu près à la main ce que les articulations de la main sont aux doigts. Comme membre unique avec l'articulation du poignet, la main peut exécuter toute espèce de mouvement latéral ou circulaire dans chaque position et dans chaque direction. L'articulation du poignet peut être souple pendant que celles des doigts sont raides, et réciproquement : là où cette possibilité n'existe pas, elle est à acquérir par l'exercice. Le poignet peut à volonté se trouver plus haut ou plus bas que la main : dans le premier cas, il pèse sur la main ; dans le second, il la tire en bas ; néanmoins les mouvements des doigts peuvent être entièrement indépendants de ceux du poignet, et réciproquement. Les mouvements de l'articulation du poignet peuvent conduire toute la main à la fois comme un seul doigt, et cela de toutes les manières possibles.

19. — De même que le poids de la main agit sur les doigts, le poignet sur la main, de même l'*avant* ou l'*arrière*-bras peut agir sur le poignet et, par celui-ci, sur la main et sur les doigts. Les mouvements des bras peuvent être indépendants de ceux du poignet et des doigts ; ils peuvent aussi réagir sur l'un comme sur les autres, car les muscles des doigts s'étendent à travers la main et le poignet jusque dans l'avant-bras.

Par l'usage multiple dans la vie ordinaire, les membres du côté droit sont physiquement plus développés et, par conséquent, plus forts, plus rigides que ceux du côté gauche ; mais ces derniers ont, à côté de plus de faiblesse, également plus de délicatesse, de légèreté et de souplesse.

20. — Telle est la nature des organes du toucher avec leurs facultés physiques, relativement à la partie

technique du piano. C'est à l'enseignement qu'il appartient de tirer parti de ces facultés naturelles, en les cultivant et les développant par l'exercice convenable des mouvements principaux et des positions respectives qu'ils déterminent, afin de mettre l'élève en état de dominer le clavier et le mécanisme de l'instrument.

5. Corps et mécanisme de l'Instrument.

21. — Le corps du piano consiste extérieurement dans la *caisse* et intérieurement dans le *mécanisme*. Le tout est construit d'après les lois naturelles de l'acoustique et de la mécanique. Le corps du piano varie dans sa forme ; c'est ainsi que l'on distingue les formes du *piano à queue*, du *piano carré* et du *piano droit*. Celle du piano carré est la forme primitive ; celle du piano à queue est le résultat du perfectionnement de l'instrument, tandis que la forme contrainte du piano droit est née du besoin extérieur de l'approprier aux proportions exiguës de nos appartements. Les pianos à queue ont une supériorité incontestable sur tous les autres, tant sous le rapport de la puissance que de la variété des effets de sonorité.

22. — Le *clavier* consiste en une série de touches de deux espèces, savoir : des touches *longues*, de couleur *blanche*, et des touches *courtes*, de couleur *noire*. Les premières forment une surface plane et horizontale, et se touchent de proche en proche ; on les appelle touches *inférieures ;* les dernières, au contraire, sont situées plus haut et séparées par groupes de *deux* et de *trois ;* on les appelle touches *supérieures*.

23. — Toutes les touches ne sont visibles que par leur partie antérieure, leur prolongement étant caché dans l'intérieur de la caisse, où l'autre extrémité se trouve en rapport avec le mécanisme qui fait vibrer les

cordes. Semblables à un levier, les touches fonctionnent par un mouvement de bascule opéré sur un point d'appui déterminé, où elles sont fixées par une pointe servant de *centre de gravité*.

Il est dans la nature de la chose, que les touches sont plus faciles à mouvoir à leur extrémité antérieure qu'à un point plus rapproché de leur centre de gravité. Le mouvement descendant de la touche s'appelle *chute* ou *enfoncement* ; celui-ci mesure environ un centimètre. Par l'enfoncement ou la chute, chaque touche produit un son particulier, parce que par l'attaque elle envoie son marteau contre les cordes correspondantes. Ces cordes sont ordinairement au nombre de trois pour le dessus et le médium, et de deux pour la base; la réunion des deux ou trois cordes correspondantes à une même touche s'appelle *chœur*.

Les cordes les plus longues sont aussi les plus grosses, et les cordes les plus courtes sont les plus fines. Plus les cordes sont *fines, courtes* et *tendues*, plus le son en est *aigu* ; et réciproquement, plus les cordes sont *longues, grosses* et *moins tendues*, plus le son en est *grave*. Entre ces proportions extrêmes se trouvent celles des sons moyens. Lorsqu'on est assis devant le milieu du piano, on a à sa droite les touches qui produisent les sons aigus, et à sa gauche celles qui produisent les sons graves.

24. — Les cordes sont fixées à l'une des extrémités par un petit *crochet* métallique, et à l'autre par une *cheville* en fer; ces chevilles sont fichées dans une forte pièce de bois ou de métal appelée *sommier* ; on les tourne avec la *clé à accorder*. Sous les cordes, dans le corps du piano, se trouve un plancher mince en bois de sapin, appelé *table d'harmonie* ou de *résonnance*, destiné à développer et à propager les ondes sonores des cordes vibrantes.

25. — Le clavier, dans toute son étendue, renferme environ 85 touches, dont 50 blanches et 35 noires; les anciens pianos diffèrent en moins de ces nombres : les 35 touches noires sont disposées symétriquement par groupes de 2 et de 3 entre les 50 touches blanches. Ainsi, dans sa forme corporelle, il faut envisager le clavier, comme terrain du toucher, dans ses rapports d'élévation et d'abaissement, ainsi que dans ceux de son étendue ou de sa longueur.

26. — Au-dessus ou au-dessous des cordes se trouve un mécanisme composé de petits morceaux de bois mollement garnis, appelés *étouffoirs*, destinés à empêcher la vibration des cordes ou à la laisser libre. Ces étouffoirs sont mis en mouvement par deux manières différentes : 1° par la touche, dont l'abaissement opère en même temps l'enlèvement de l'étouffoir correspondant, et le contraire; 2° par le mouvement d'un mécanisme spécial qui agit non-seulement sur un étouffoir isolé, mais sur tous à la fois. Placé ordinairement sous le côté droit du clavier, ce mécanisme se gouverne au moyen du pied droit, et porte, pour cette raison, le nom de *pédale*, du latin *pedes*, pieds. Par la pression de la pointe du pied sur la pédale tous les étouffoirs s'enlèvent à la fois, et par le relâchement de la pédale, ils retombent tous à leur position primitive, et cela dans une indépendance complète du mécanisme des touches. L'effet qui en résulte est de laisser à toutes les cordes toute leur liberté de vibration, même lorsque les doigts ont déjà quitté les touches; mais aussitôt que le pied laisse remonter la pédale, le rapport primitif se rétablit entre toutes les parties du mécanisme.

27. — Dans les chœurs de 2 ou 3 cordes d'une même touche, le marteau correspondant frappe toutes les cordes à la fois; cependant il existe un mécanisme au

moyen duquel tout le clavier ou tout le système des marteaux peut être déplacé, de manière à ce que tous les marteaux ne frappent plus que sur *une* des deux ou sur *deux* des trois cordes d'un même chœur. Ce mécanisme se gouverne également par une pédale appelée *una corda*, placée ordinairement à gauche de la précédente; il a pour effet de diminuer le son et de lui donner une qualité particulière, semblable à celui d'une harpe.

6. Conditions essentielles du Mécanisme.

28. — Pour pouvoir abaisser une touche quelconque avec le mécanisme de son marteau correspondant, il faut employer une force de gravité d'un poids déterminé. En attendant, l'expérience démontre que, par suite de la nature du mécanisme, la simple force de gravité ou la simple *pesanteur passive* d'un corps placé sur la touche, ne fait que rapprocher le marteau peu à peu des cordes, sans qu'il vienne à les toucher et à les faire vibrer. La nature du mécanisme est telle, en effet, que l'abaissement subit de la touche peut *seul* imprimer au marteau une espèce de mouvement de saut et le lancer avec force contre les cordes pour les frapper et les faire vibrer. Mais ceci exige, outre la force passive de la pesanteur, l'emploi de la force active de la percussion; car celle-ci agit instantanément et dans un seul moment, tandis que la pesanteur n'agit que peu à peu et dans le temps. Voilà pourquoi dans le toucher l'action de la force percussive précède toujours celle de la pesanteur: la première *produit* le son, et la seconde en *prolonge* la durée. Naturellement le *degré de force* du son est toujours en raison du rapport entre la force active de l'attaque et la force passive de la résistance du mécanisme. De même que l'exécutant, chaque instrument n'a qu'une force

limitée: la force de la résistance, comme celle de l'attaque, cesse à un degré déterminé, dont la transgression amène la perturbation. L'exécutant a donc pour tâche d'approprier sa force physique à celle du mécanisme de l'instrument, conformément aux effets de sonorité qu'il veut produire.

29. — Relativement à la convenance du but, le mécanisme mobile du marteau est d'une construction très-ingénieuse et d'un travail artistique très-savamment combiné dans toutes ses parties multiples. Il forme avec la touche un tout bien organisé, que l'on pourrait comparer au bras de l'homme avec sa main, ses doigts et ses articulations: chaque partie agit régulièrement sur l'autre et le mouvement se propage ainsi de proche en proche jusqu'au point de contact du marteau sur les cordes. D'après cela, la nature du mécanisme si diversement articulé du marteau, tel qu'il subsiste forcément en vue du but, est de telle sorte que la manière de le mettre en mouvement ne peut nullement être arbitraire. Ce mécanisme si complexe exige un mode de mouvement qui tient à la fois de la nature de l'élan, du bond et du saut; d'où il suit que la première impulsion ne doit pas être brusque et sèche, mais bien plutôt élastique et efficace. D'après cela se détermine conséquemment aussi la manière d'attaquer la touche: l'attaque ne peut non plus être brusque et heurtée; elle doit être également vive et élastique. L'exécutant doit, au moment de l'attaque du marteau, donner libre cours à sa force d'impulsion dans le sens d'une certaine réaction par rapport à la masse d'attaque, en relâchant toutes les articulations, de manière à ce qu'elles soient flexibles comme le serait à peu près une balle élastique lancée avec force contre un corps dur, — et comme le sont réellement les cordes dans le piano, lorsque, par leur

élasticité, elles renvoient le marteau qui les a frappées.

30. — Telle est la nature complexe du mécanisme du piano, qu'il importe, avant tout, à l'exécutant de connaître et de comprendre de la manière la plus intime. Il doit toujours jouer avec un sens éveillé et attentif, et chercher, depuis les premiers exercices d'attaque jusqu'au plus haut degré de culture, à approfondir dans son sentiment la nature intime du mécanisme du piano, pour y approprier sa propre nature musicale. Il faut en quelque sorte qu'il puisse se représenter clairement dans une espèce de ressentiment sympathique l'action réciproque des forces et des mouvements, afin d'apprendre à traiter le mécanisme et à concevoir l'art du toucher, comme il vient d'être dit au point de vue de l'instrument, et comme il sera dit plus loin au point de vue de l'exécutant.

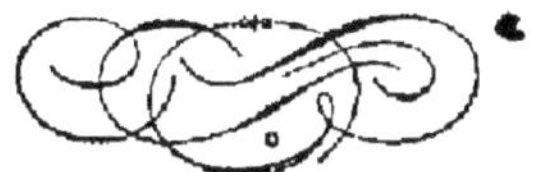

PREMIÈRE PARTIE.

SYSTÈME DU MÉCANISME FONDAMENTAL DE L'ART DU TOUCHER

CHAPITRE Ier.

APPLICATION TECHNIQUE.

1. — Siége devant l'Instrument.

31. — Le siége de l'exécutant, qui se place devant le milieu du clavier, doit avoir une largeur convenable, ainsi qu'une surface absolument plane ; il doit se tenir solidement et n'avoir ni vis ni dossier. La hauteur du siége doit être proportionnée à la taille de l'exécutant par rapport à l'élévation du clavier, de manière à ce qu'étant assis et ayant la pointe des doigts arrondis appuyée sur les touches blanches, son avant-bras forme une ligne horizontale. En conséquence, la pointe du coude ne doit pas être plus basse que la paume de la main, ni l'articulation du poignet plus basse que celle du coude : le pire des deux serait, si le dos de la main, par suite d'une position inférieure au bras, était écrasé par le poids de ce dernier.

32. — Il devient nécessaire que les deux mains puissent se mouvoir librement sur toute l'étendue du clavier, sans que le corps y soit un obstacle. Voilà pourquoi l'exécutant devra calculer la distance entre le siége et le clavier, de manière à ce que le coude, relativement au corps, se

trouve légèrement porté en avant, et, par conséquent, plus rapproché du clavier que les hanches. Par là, l'arrière-bras formera toujours une ligne quelque peu obliquée en avant, tandis que les lignes de l'avant et de l'arrière-bras formeront un angle légèrement obtus. De cette manière les deux bras auront les mouvements libres, à droite et à gauche, sur toute l'étendue du clavier, et le siége sera dans une position convenable.

2. — Tenue du Corps.

33. — La tenue du corps devant le clavier doit être de telle sorte qu'elle laisse à tous les membres une liberté entière pour l'exécution des mouvements nécessaires au toucher. En conséquence, elle ne doit être ni contrainte, ni raide, ni nonchalante, mais elle doit avoir une contenance libre et naturelle. Les genoux se placent sous le clavier, mais sans se toucher; ils doivent quelque peu s'écarter, ainsi que les pieds, dont les pointes en dehors se posent devant les deux pédales. — Quant aux enfants, dont les pieds ne peuvent pas encore toucher au plancher, ils doivent employer un petit banc, comme soutien nécessaire.

34. — Pendant l'exécution, le corps ne doit être ni courbé en avant, ni penché en arrière; les mouvements latéraux ne s'emploient que, lorsque la position locale des touches l'exige. Une position libre et tranquille est celle qui convient le mieux pour l'exécution facile de tous les mouvements nécessaires.

3. — Direction des Bras et des Mains.

35. — La direction des bras et des mains doit être telle, que tous les organes puissent facilement exécuter tous les mouvements du toucher. Dans ce but, la direction la plus convenable pour les bras et les mains, c'est

celle qui ne penche ni d'un côté ni de l'autre ; c'est-à-dire la ligne *droite* qui s'obtient, lorsque le doigt du milieu, étendu à plat sur une touche blanche, forme avec les deux bords latéraux de celle-ci une ligne parallèle : dans ce cas, le doigt du milieu peut servir de terme de comparaison pour la direction des bras et des mains.

36. — Le bras ne doit en aucun point toucher le corps, parce qu'alors il ne serait plus libre dans ses mouvements. Voilà pourquoi le coude doit toujours être un peu éloigné des hanches, ce qui incline l'arrière-bras non-seulement un peu en avant, mais aussi en dehors.

4. Position de la Main et des Doigts.

37. — *En général*, lorsque la main est placée debout dans sa position droite, comme il vient d'être dit, les doigts 2, 3, 4, 5, légèrement *arrondis*, c'est-à-dire à moitié *courbés*, doivent reposer avec la partie grasse de leurs pointes sur les touches blanches, sans les enfoncer. Le pouce conserve naturellement sa position droite, et repose exactement sur son taillant externe. Dans cette position de la main et des doigts, il doit rester assez d'intervalle entre la partie inférieure de la main et la surface des touches qu'elle couvre, pour que le pouce puisse passer librement, à droite et à gauche, entre les deux. Le dos de la main, quelque peu bombé vers le milieu, doit conserver, autant que possible, une position horizontale, inclinant ni à droite ni à gauche. Par suite, l'articulation du poignet se trouvera dans le même plan que la ligne médiane du dos de la main et de l'avant-bras, en même temps que la pointe du coude formera une ligne horizontale avec la pointe des doigts arrondis, placés debout sur les touches blanches.

38. — *En particulier*, chacun des doigts doit être placé sur une touche particulière, de telle sorte que,

dans leur ordre naturel, les 5 doigts viennent à se trouver sur 5 touches blanches *consécutives*, sans qu'aucun d'eux ne touche l'autre. A partir des articulations de la main des doigts 2, 3, 4, 5 jusqu'aux premières articulations de ces doigts, la première phalange de chacun d'eux doit former une ligne oblique quelque peu descendante, d'où résulte une facilité désirable dans les mouvements quelconques de ces doigts. En outre, la phalange antérieure de ces mêmes doigts doit être placée presque *verticalement* sur la partie grasse de sa pointe, mais de telle sorte, que les ongles (qui sont à tenir courts) ne viennent, en aucun cas, déranger l'aplomb des doigts sur les touches. Par suite de la position déterminée de la première et de la troisième phalange des doigts, la seconde trouve naturellement sa position voulue.

39. — Suivant la différence naturelle entre la longueur des doigts, leurs pointes viennent à se placer plus ou moins *en avant* ou *en arrière* les unes des autres, et cela de la manière suivante : — Le doigt 3, comme le plus long, occupe le premier rang en avant, tout contre les touches noires. Les pointes des doigts 2 et 4, par rapport au précédent, se trouvent un peu en arrière et à peu près en face l'une de l'autre. Le petit doigt et le pouce, par rapport aux précédents, sont encore un peu plus en arrière et occupent également à peu près la même ligne. Tous les doigts étant ainsi placés, aucun ne doit dépasser la ligne creuse, qui s'étend devant les touches noires sur toute la longueur du clavier ; autrement ils se prendraient dans les touches noires et perdraient ainsi leur liberté de mouvement.

40. — Le pouce doit conserver une position indépendante, et, par conséquent, n'avoir aucun point de contact avec l'index. Par suite de sa conformation naturelle, le pouce ne peut jamais extérieurement former

une ligne droite : elle sera toujours plus ou moins obliquée en dedans. Quant à sa position locale, par rapport à l'index, le pouce ne doit pas se trouver positivement à côté de lui, mais bien plutôt sous la partie extérieure de ce doigt voisin, afin qu'il soit toujours prêt à passer facilement sous les autres doigts, ou à laisser passer ceux-ci par-dessus lui-même. — En ce qui concerne la place des doigts sur la touche, chaque pointe doit toujours occuper le milieu de celle-ci et l'attaquer toujours au même point ; par là se réalise la sûreté du toucher et l'égalité des mouvements, conditions essentielles d'une bonne exécution.

CHAPITRE II.

NATURE ET VARIÉTÉ DU TOUCHER.

1. — Essence du Toucher.

41. — La production du son sur le piano est le résultat de l'action des doigts sur les touches, c'est-à-dire du *toucher*. La variété du son dans la bonté et la beauté de ses qualités sonores, le degré de sa force ou de sa durée, — en un mot, la réalisation sonore de toute musique de piano est le produit du toucher. D'où il suit, que le toucher est au pianiste, ce que l'émission de la voix est au chanteur. En effet, de même que celui-ci dirige de ses poumons un certain volume d'air dans le larynx contracté pour y produire, suivant un sentiment déterminé, les qualités expressives du son à émettre, —

de même aussi le pianiste doit savoir gouverner et diriger sa force de muscle en muscle et de nerf en nerf, afin de pouvoir l'augmenter ou la diminuer, suivant les exigences de l'art. En outre, de même que le chanteur est obligé de faire une étude spéciale, basée sur la nature de son organe vocal, pour apprendre à le dominer et à le maîtriser en vue de la production artistique des sons, de même aussi le pianiste doit s'efforcer, par une étude assidue, à maîtriser l'activité intérieure des organes du toucher et à cultiver leurs facultés de mouvement en vue de la production artistique des sons.

42. — Le pianiste peut avec ses mains et ses doigts, comme le chanteur avec son organe vocal, produire une infinie variété d'effets indescriptibles, déjà rien que par les seules modulations de sonorité et leur mélange, abstraction faite de l'élément intellectuel dans la musique, du sentiment, de la vie dans l'art. Si maintenant le chanteur doit maîtriser un *organe vivant*, mais caché et insaisissable pour lui-même, le pianiste, au contraire, doit dominer un *mécanisme mort* et rigide en lui-même, mais à la vérité visible en partie. De nature, l'organe vivant, comme le mécanisme mort, est doué d'une qualité et d'une quantité de son dans des proportions de bonté différentes : dans les deux cas, il ne s'agit que de le produire avec le plus de perfection possible, suivant le degré de bonté même de l'organe ou de l'instrument.

43. — Un des principaux moyens pour produire de l'effet, moyen exclusivement propre au piano, c'est le mélange de sonorité dans des sons *simultanés* de *différents* degrés d'intensité, d'où résultent les contrastes les plus heureux et les nuances les plus variées. La possibilité de semblables effets repose sur la faculté de maîtriser la force et le mouvement. Mais comme cette

faculté ne peut provenir que du jeu le plus fin des muscles et des organes, c'est-à-dire d'un système nerveux en quelque sorte spiritualisé, il s'ensuit que par une culture technique tendant vers l'idéal de l'art, la mécanique inerte se trouve elle-même comme spiritualisée : — car c'est l'esprit qui l'anime, et c'est encore de l'esprit qui est créé par elle. Cependant le rapport actif le plus immédiat entre l'instrument et l'exécutant, c'est le *toucher*, et c'est de là que partent tous les effets de sonorité. — D'après ce qui précède, il est facile de juger de la haute importance du toucher et de la sérieuse attention qu'il convient de lui accorder dans l'enseignement.

2. Modes principaux du Toucher.

44. — Dans le toucher, il faut tout d'abord prendre en considération le point d'où part mécaniquement la direction du mouvement, comme *levier moteur*, en opposition avec le point d'attaque où porte le mouvement, comme *but* du toucher. — L'arrière-bras ne prend aucune part *directe* dans le toucher, car par sa direction et sa position locale, il est trop éloigné du clavier, et comme porteur de l'avant-bras, il n'est pas libre dans ses mouvements ; voilà pourquoi il ne joue qu'un rôle passif et médiateur entre l'avant-bras et l'épaule. L'avant-bras, parfaitement approprié à la position du clavier, se prête, au contraire, partout naturellement au toucher : grâce à la volonté libre, l'exécutant peut, par l'intermédiaire des nerfs et des muscles, faire partir les mouvements du toucher de chacune des articulations de l'avant-bras. Or, ces articulations sont ici au nombre de quatre, savoir : celle du *coude*, celle du *poignet*, celle de la *main*, et la première des *doigts*. — L'articulation antérieure des doigts par elle-même n'a pas de mouve-

ment spontané, puisqu'elle n'est pas librement mobile et qu'elle ne se meut que par l'articulation précédente ; la pointe des doigts, comme partie extrême, est naturellement le *point de contact* du toucher.

45. — D'après ce qui précède, les différents *modes* du toucher se déterminent donc, suivant leur nature, par les articulations qui servent de *levier moteur* dans les mouvements du toucher, et se distinguent par conséquent en :

Toucher au moyen de l'articulation des *doigts*,
Toucher au moyen de l'articulation de la *main*,
Toucher au moyen de l'articulation du *poignet*,
Toucher au moyen de l'articulation du *coude*.

Toutes ces variétés du toucher reposent sur les *facultés naturelles* des organes et des articulations, telles qu'elles ont été exposées dans l'introduction (12 — 20), dans leur isolement comme dans leur relation, par rapport au mécanisme du piano. Chaque variété a sa propriété particulière et son propre mode d'exécution; par conséquent, chacune d'elles devient *nécessaire* en vue d'un but déterminé, et c'est la tâche du pianiste cultivé de reconnaître la *nécessité* et la *convenance* de l'emploi d'un mode déterminé, et de pratiquer celui-là même, conformément à sa propriété et à son but.

46. — Dans un enseignement progressif, l'étude successive des différents modes du toucher doit être déterminée d'après le degré de difficulté qu'ils présentent entre eux. Dans ce but, il nous reste maintenant à examiner chaque mode en et pour lui-même.

Suivant la nature de la chose, plus le levier-moteur est éloigné du point d'attaque, c'est-à-dire de la pointe des doigts, plus il y a de membres intermédiaires à dominer et plus le toucher est difficile à apprendre. D'un autre côté, plus le levier-moteur est rapproché de la pointe des doigts, plus la masse d'attaque est petite et faible, et plus elle devient difficile à manier. D'après cela les articulations intermédiaires du poignet et de la main se présentent comme étant les plus dociles et les plus faciles à cultiver; et comme à partir de l'articulation de la main, il ne reste à mouvoir qu'*un doigt*, comme masse d'attaque, l'ordre de succession dans l'étude des différents modes du toucher se détermine naturellement de la manière suivante :

1° Toucher au moyen de l'articulation de la *main*,

2° Toucher au moyen de l'articulation du *poignet*,

3° Toucher au moyen de l'articulation du *coude*,

4° Toucher au moyen de l'articulation des *doigts*.

47. — Il va sans dire que les études primaires de tous les modes du toucher ne peuvent porter, tout d'abord, que sur les seuls mouvements primitifs, comme tels, sans avoir égard momentanément à aucune espèce de sonorité déterminée. Ces mouvements primitifs, lorsqu'ils sont en quelque sorte incorporés dans la nature de l'élève, se développent plus tard dans les particularités les plus variées, suivant la destination personnelle et l'individualité artistique de chacun, de telle sorte que, dans un certain sens, chaque pianiste acquiert avec le temps et le travail un toucher particulier et personnel. Cette légère différence dans la manière individuelle de chaque pianiste cultivé, est le signe caractéristique et distinctif des personnalités : elle aurait lieu dans le cas même, où tous les pianistes seraient formés et dirigés d'après les principes d'un seul et même maître. Il en est ainsi des principes mécaniques dans tous les arts comme dans toutes les sciences : la théorie se spiritualise dans la pratique vivante par l'individualité.

3. Modes combinés du Toucher.

48. — La relation naturelle des organes et des membres séparés permet aussi le mouvement *simultané* de plusieurs membres à la fois. De l'emploi de pareils mouvements combinés résultent les *modes combinés* du toucher, tels qu'ils peuvent subsister de différentes manières, suivant la conjonction correspondante des articulations en vue d'une activité unique. La *nécessité* de cette unité dans l'activité des articulations combinées réside dans l'unité du but — le toucher, — et la *possibilité* de cette unité, dans la nature de l'organisme et dans la volonté et les facultés de l'exécutant. — Il devient possible de former toute espèce de combinaisons avec les articulations du toucher, de telle sorte que chacune d'elles peut être en activité *simultanée* avec *une*, *deux* ou *trois* des autres.

49. — Parmi les différentes espèces de combinaisons du toucher, il faut distinguer entre celles qui sont formées par des articulations *conjointes*, et celles qui sont formées par des articulations *disjointes*. Les articulations conjointes sont : celles du *coude* et du *poignet*, celles de la *main* et des *doigts*, et celles du *poignet* et de la *main*. — Les articulations disjointes par une seule intermédiaire sont : celles du *coude* et de la *main*, celles du *poignet* et des *doigts*; il n'y a que les articulations extrêmes du *coude* et des *doigts* qui soient séparées par deux intermédiaires. De là résulte la possibilité de former toutes espèces de combinaisons doubles, triples et quadruples avec les articulations motrices du toucher, ainsi qu'il sera montré en lieu et place.

CHAPITRE III.

MÉCANISME FONDAMENTAL DU TOUCHER.

1. Mouvements mécaniques du Toucher et leurs trois Moments principaux.

50. — Il n'y a au fond que deux mouvements principaux qui renferment mécaniquement l'essence du toucher, savoir : le mouvement *ascendant* et le mouvement *descendant* de la touche, opéré par l'action des organes. La force motrice nécessaire pour ces mouvements doit, avant tout, partir d'un *seul* point, savoir : de l'articulation qui, suivant la volonté déterminée de l'exécutant, doit réaliser le toucher, et de laquelle celui-ci reçoit aussi son nom de mode et d'espèce.

51. — Chaque mode du toucher exige un moyen d'exécution ; mais celui-ci, comme tel, doit être efficace en et par lui-même ; d'où il suit que les organes mis en jeu doivent être *fermes* et *rigides*, afin de présenter la force et la résistance nécessaires au moment de l'attaque ; l'articulation motrice seule doit être libre et souple, pour être en état de mouvoir les autres. La pointe des doigts, comme point d'attaque, doit reposer légèrement sur le milieu de la touche, comme point de contact, et dans cette position invariable de la main, la direction des mouvements du toucher se détermine d'elle-même. Au surplus, il ne faut pas considérer la main de l'homme comme une machine inerte, mais comme un organisme vivant d'une sensibilité réfléchie : l'esprit de l'exécutant la parcourt, et avec l'instantanéité de l'éclair, elle réa-

lise sa volonté jusque dans les nuances les plus petites et les plus délicates.

52. — Si l'on considère tous les modes du toucher dans leurs moments isolés, et qu'on les décompose en quelque sorte dans le temps, on y distingue trois moments principaux, savoir : la *préparation*, *l'attaque* et le *repos*. Le moment de la préparation se reconnaît dans le mouvement *ascendant* ; celui de l'attaque, dans le mouvement *descendant*, et celui du repos, dans la position *immobile* du doigt après l'attaque réalisée.

La *Préparation* est le moment dans lequel on détermine déjà le degré d'intensité du son, au moyen de la tension des muscles moteurs et de la disposition des organes à mouvoir, en même temps que l'on assure la justesse d'attaque. Dans ce moment, il devient nécessaire pour l'exécutant de calculer avec connaissance de cause son *vouloir* et son *pouvoir*, afin de le mettre en harmonie, conformément à la nature de l'instrument, avec l'intention déterminée de l'effet à produire.

L'*Attaque* est précisément ce moment de l'unité réalisée entre la volonté et l'intention ; elle résulte du moment précédent, et montre, par conséquent, si la préparation a été faite convenablement. Ici, la tâche de l'exécutant est de cultiver son habileté mécanique, de manière à ce que la plus grande rapidité possible dans le mouvement descendant accuse l'attaque réellement comme telle. Par le mouvement descendant de la touche, le marteau correspondant est lancé vivement contre les cordes, en même temps que celles-ci se trouvent dégagées de leur étouffoir, ce qui leur permet de vibrer avec une force proportionnelle à l'attaque du marteau qui les a excitées.

Le *Repos* est le moment qui détermine la durée des sons produits par l'attaque. En effet, par le séjour plus ou moins long du doigt sur la touche abaissée, le son se trouve plus ou moins prolongé, et par cela même ce dernier moment est un véritable repos ; mais lorsque l'attaque est courte, le repos n'existe que dans un sens abstrait. Toujours est-il que, par sa détermination de la durée des sons, ce moment est de la plus haute importance, d'autant plus que la préparation d'une nouvelle attaque en ressort directement. Ici la tâche est de maintenir le doigt sur la touche abaissée avec le même degré de pression, tel qu'il résulte naturellement de la force d'attaque, sans en augmenter ni diminuer la pesanteur, de manière à ce que le doigt repose véritablement un moment donné sur la touche en jeu. Quelle que soit l'exiguité de la durée du son, le doigt ne doit jamais la dépasser par son séjour sur la touche après l'attaque accomplie.

53. — Dans la succession des sons, chaque moment du repos est suivi du retour d'une nouvelle préparation, c'est-à-dire du *mouvement ascendant*, tel qu'il se conçoit dans le sens d'une préparation, aussi bien à l'état *actif* qu'à l'état *passif*, savoir : suivant qu'une attaque précédente *a déjà eu lieu* ou *non*. Nous venons d'examiner ce dernier cas du premier moment, c'est-à-dire le cas d'une préparation non précédée d'une attaque. Si nous considérons maintenant la préparation précédée d'une attaque antérieure, nous voyons que le mouvement *ascendant* est l'antithèse directe du mouvement *descendant*, aussi bien mécaniquement, comme direction, qu'intellectuellement, comme intention. Par conséquent, de même que l'organe du toucher doit *s'abaisser* vivement pour réaliser l'attaque, de la même manière il doit se *relever* à sa position primitive, pour y demeurer immobile et ferme jusqu'au retour d'une nouvelle attaque.

54. — D'après ce qui précède, on reconnaîtra facile-

ment l'importance de chacun des trois principaux moments du toucher. L'élève devra donc les étudier pratiquement et chercher à les fondre en un même tout, en les travaillant assidûment et toujours de la *même manière*, de telle sorte qu'ils s'incorporent peu à peu dans sa propre nature, et qu'ils soient entièrement au service de sa volonté. Mais si l'on songe à l'infinie multiplicité de combinaisons tonales, ainsi qu'aux rapports de surface et de succession qui en résultent sur le clavier, on conçoit facilement combien ces mouvements primitifs du toucher doivent subir de nombreuses modifications dans la pratique vivante de la musique de piano. Il devient impossible de définir tous les cas particuliers pour ces modifications continuelles, qui, dans l'exécution, se déterminent en outre par la conformation naturelle et individuelle de la main de chaque pianiste. De là ressort avec une nouvelle évidence la nécessité absolue de baser l'enseignement élémentaire du toucher sur les lois naturelles des mouvements primitifs et d'y ramener tous les actes mécaniques de chaque mode du toucher.

2. — Toucher au moyen de l'Articulation de la Main.

55. — Tout ce qui vient d'être dit sur la nature et le but des actes mécaniques du toucher en général, s'applique également aux trois principaux moments de chacun des quatre modes en particulier. En effet, le *but* de l'étude mécanique du toucher est d'apprendre à produire sur le piano toutes les modulations de sonorité musicale, c'est-à-dire, *l'art même de jouer du piano*, et c'est précisément le *toucher*, dans ses mouvements ascendants et descendants, qui en est le *moyen d'exécution*. L'*application pratique* tient le milieu entre les deux, et consiste dans le choix des membres et des

articulations, ainsi que dans l'emploi de la force et du mouvement. Ce sont là les principaux points que nous avons à examiner dans l'étude de chaque mode particulier du toucher.

56. — Dans le toucher au moyen de l'*articulation de la main*, la pesanteur spécifique d'un seul doigt, comme membre à mouvoir, forme la *masse d'attaque*, et l'articulation de la main, comme siége du mouvement, en forme le *levier moteur*, toutes les autres articulations restant fermes et immobiles. Pour avoir une idée claire de ce mode du toucher, il faut se figurer le doigt arrondi selon la règle, comme l'image d'un marteau de piano, dont l'extrémité du manche est fixée dans une goupille mobile, autour de laquelle il se meut : dans le doigt cette goupille est représentée par l'articulation de la main, où est fixée la première phalange du doigt, comme manche du marteau, ainsi que celui-ci paraît être formé par les deux phalanges antérieures du doigt. Ce n'est qu'au point de cette goupille, c'est-à-dire à l'articulation de la main, que doit se mouvoir le doigt, comme marteau ; ce n'est que dans ce *seul* point qu'il doit être mobile et souple, et la direction de son mouvement ne doit se faire qu'en *montant* et en *descendant*, à l'exclusion de toutes les déviations latérales.

57. — Mais comme les cinq doigts, régis par l'articulation faible de la main, sont naturellement doués d'une force musculaire minime et inégale entre eux, il s'ensuit que l'emploi de cette seule force ne répond nullement aux lois esthétiques de l'expression musicale, quant à l'égalité et à l'accentuation rhythmique des sons dans les limites d'un degré déterminé. L'effet étant toujours en raison de sa cause, l'inégalité du toucher ne peut produire que l'inégalité des sons. — Sans doute, l'exercice peut développer la force musculaire des doigts,

mais il ne l'égalisera jamais qu'approximativement ; car les doigts 4 et 5 seront toujours de nature plus faibles que les autres.

D'un autre côté, l'emploi de la force musculaire des doigts dans le toucher, tel que l'usage l'a consacré dans l'enseignement, est une violation flagrante des lois de la nature, dont chacun supporte plus ou moins la peine. En effet, par la constitution naturelle de leurs articulations, les doigts (soit qu'on les considère dans leur position droite ou à demi-courbée) sont destinés à exécuter des mouvements rentrants, qui ramènent leurs pointes vers l'intérieur de la main ; tandis que dans l'enseignement ordinaire du piano on les condamne à des mouvements contre nature, en les forçant à se plier en dehors et à se lever au-dessus de la ligne droite que la nature leur a prescrite comme limite normale. Cette manière de procéder, qui nécessite de grands efforts musculaires, a pour conséquence inévitable la fatigue et la rigidité des doigts, en même temps qu'elle devient un obstacle à la liberté et à la précision de leurs mouvements. La preuve, c'est qu'un doigt *élevé* au-dessus de sa ligne normale n'est pas libre, puisqu'il retomberait tout seul, s'il n'y était retenu de *force* par la contraction musculaire ; il est donc en dehors des conditions voulues pour l'habileté technique du toucher, qui repose essentiellement sur l'indépendance des organes et la liberté de leurs mouvements.

Il est dès lors incontestable que la simple activité musculaire des doigts, comme force motrice dans le moment de l'attaque, est insuffisante dans ce mode du toucher. Il faut donc la combiner avec une force invariable, se prêtant à toutes les modifications sonores, quant à la durée, l'égalité et le degré d'intensité des sons dans des limites déterminées. Nous la trouvons précisément dans la pesanteur spécifique de la main, dont la pression, modifiée par l'intention de l'exécutant selon les besoins, agit avec une égale force sur chacun des cinq doigts, qui, dans leur position ferme et invariable, deviennent ainsi respectivement le pivot, le centre de gravité du poids intégral ou modifié de la main.

58. — Ce principe établi, voici ce qui a lieu dans chacun des trois moments du toucher au moyen de l'articulation de la main :

Dans le moment I (la préparation), il faut surtout veiller à la position méthodique des organes, calculer le degré de fermeté des membres, et assurer la liberté de l'articulation motrice, comme siége du mouvement, afin de mettre son *pouvoir* et son *vouloir* en harmonie avec l'*intention* de l'effet déterminé à produire. Dans ce but, lorsque tous les membres ont pris leur position respective, ainsi qu'il a été dit (37-40), la pointe de chaque doigt reposera librement sur sa touche correspondante, de manière à pouvoir lui imprimer instantanément l'action du toucher, telle qu'elle résulte au moment de l'attaque de la volonté et de l'intention de l'exécutant.

Dans le moment II (l'attaque), la force motrice partant du milieu de l'avant-bras — à la naissance du muscle du doigt, — se dirige avec une rapidité électrique à travers le poignet jusque dans l'articulation correspondante de la main, où elle se concentre au moment de l'attaque par la volonté de l'exécutant, et d'où elle agit avec la pesanteur de la main comme pression sur les phalanges affermies du doigt en activité. Cette fermeté du doigt est indispensable pour lui donner la résistance nécessaire à l'action de la force d'attaque.

Dans le moment III (le repos), la main et les doigts doivent se trouver dans leur position primitive, si les deux précédents moments ont été utilisés convenablement. La force de pression, qui a lieu après l'attaque, doit être en rapport avec celle de l'attaque même, ce qui exige un certain degré de souplesse et d'élasticité dans l'articulation correspondante de la main.

59. — Telles sont mécaniquement les conditions essentielles des trois moments de ce mode du toucher. Remarquons encore une fois, en terminant, que dans la pratique vivante de la musique la position prescrite des organes subit naturellement quelques modifications par suite du rapport des touches, et qu'il est impossible aux doigts de conserver toujours leur forme primitive. Mais il ne s'agit ici que d'exposer et d'enseigner tout d'abord la position fondamentale de la main et des doigts pour tous les modes du toucher; c'est d'elle qu'il faut partir, car elle forme la base normale pour tout le reste du toucher. Plus tard il sera traité, en lieu et place, de chacune des autres modifications pratiques.

3. — Toucher au moyen de l'Articulation du Poignet.

60. — Dans ce mode du toucher, la pesanteur spécifique de toute la main avec ses 5 doigts, comme membre à mouvoir, forme la *masse d'attaque*, et l'articulation du poignet, comme siége du mouvement, en forme le *levier moteur*, toutes les autres articulations restant fermes et immobiles. Ici, comme dans le toucher précédent, la direction des mouvements mécaniques résulte naturellement de la position invariable des membres, à la différence près que les doigts restent fermes dans l'articulation de la main, et que par là ils se trouvent enlevés *avec* et *par* la main. Mais, avant d'examiner les trois moments de ce mode du toucher, nous devons présenter quelques considérations sur la manière d'exécuter les mouvements mécaniques du poignet. Encore ici, nous différons de la

pratique ordinaire, qui nous paraît suivre une fausse voie par la raison qu'elle est en contradiction avec la nature et le bon sens, ainsi qu'avec la pratique artistique de tous les pianistes qu'un talent réel a élevés au-dessus des formes scolastiques.

Dans l'exécution ordinaire de ce mode du toucher, les mouvements mécaniques de la main éloignent le point de contact de son but, et rendent, par conséquent, le toucher incertain et tout-à-fait impropre au *legato*. Nous proposons donc d'exécuter ces mêmes mouvements de la main également dans la seule articulation du poignet, mais de telle sorte, que la pointe des doigts, comme point de contact, reste toujours à fleur des touches, ainsi que l'exige la préparation. Dans ce but, le poignet se lève quelque peu en s'arrondissant dans sa partie supérieure, de manière à former un angle obtus entre la partie intérieure de la main et la ligne inférieure de l'avant-bras : en un mot, il faut faire précisément le contraire de ce qui se pratique ordinairement. Par ce moyen, nous obtenons la sûreté d'attaque et la possibilité du *legato* ; nous assurons la liberté de mouvement dans l'articulation du poignet, en même temps que nous l'affranchissons de la fatigue inévitable, qui résulte des mouvements contre nature auxquels le condamnent la routine et l'ignorance.

Il va sans dire que, dans ces mouvements de l'articulation du poignet, l'avant-bras ne peut conserver une position fixe et immobile ; cependant il ne doit pas y coopérer d'une manière *active*, parce qu'il dérangerait le levier moteur ; il doit, au contraire, y jouer un rôle *passif*, en les subissant plus ou moins, sans laisser remarquer un mouvement déterminé.

61. — Ceci compris, voici ce qui a lieu dans chacun des trois moments de cet important mode du toucher :

Dans le moment I, il faut tout d'abord déterminer le degré d'*élévation* du poignet ainsi que la position des doigts : celle-ci détermine naturellement celle-là. En effet, la pointe des doigts devant toujours demeurer sur la surface des touches pendant le mouvement ascendant du poignet, celui-ci se trouve limité dans son parcours par la longueur relative des doigts, de telle sorte que le poignet ne s'élève environ qu'à une hauteur équivalente à la longueur des doigts extrêmes. Il va sans dire que dans ce moment les doigts conservent leur état de fermeté et leur rapport de position, à la différence près que la pointe de ceux qui sont destinés à l'attaque, avance assez sur celle des autres pour qu'ils ne puissent pas enfoncer les touches au moment de l'attaque.

Dans le moment II, la force motrice nécessaire part directement de tout l'avant-bras, et va, au gré de la volonté de l'exécutant, exciter le mouvement descendant dans l'articulation du poignet, pour se concentrer instantanément dans l'articulation affermie de la main, d'où elle agit comme pression sur la pointe des doigts en activité. Il est de la plus haute importance que, dans ce moment, l'articulation du poignet reste *seule* mobile et souple, toutes celles de la main et des doigts, comme masse d'attaque, devant demeurer fermes et immobiles. Cependant il ne faut nullement concevoir cette élasticité, cette souplesse du poignet comme une espèce de relâchement musculaire impuissant ; bien plus, cette articulation doit toujours conserver une certaine fermeté, une *volonté*, qui laisse constamment la main au pouvoir de l'exécutant, et détermine l'attaque réellement comme telle, au gré de son intention.

Dans le moment III, tous les membres doivent se retrouver dans leur position primitive, à l'état inerte et immobile, pendant que leur pesanteur spécifique agit comme pression sur les doigts en activité. Mais, comme dans ce mode du toucher, la force d'attaque réagit facilement sur les doigts en non activité, il faut veiller à ce qu'ils ne s'allongent pas convulsivement ou s'affaissent mollement sur les touches, et que la main se tienne bien debout. En outre, il faut aussi, par une espèce de sentiment rétroactif, contrôler le moment précédent, pour savoir si le mouvement d'attaque n'a réellement eu lieu que dans la *seule* articulation du poignet.

62. — Telles sont mécaniquement les conditions essentielles de ce difficile et fréquent mode du toucher, dont l'élève devra mener l'étude de front avec celle du mode précédent. L'articulation du poignet servant d'intermédiaire entre la main et le bras, on ne saurait trop exercer un organe, qui joue un rôle considérable dans tout le mécanisme du toucher. Remarquons, en effet, que c'est l'articulation du poignet qui porte et dirige la main sur le clavier, qui tempère et modifie la force brute du bras et la conduit ainsi dans la main et les doigts, qui donne à chaque pression de la main l'élasticité nécessaire pour un bon toucher et une belle sonorité; en un mot, c'est elle qui forme le levier moteur d'un mode particulier du toucher, et qui joue un rôle plus ou moins actif dans toutes les modifications mécaniques du toucher.

4. — Toucher au moyen de l'Articulation du Coude.

63. — Dans ce mode du toucher, l'avant-bras, la main et les doigts, comme membre *unique* à mouvoir, forment la *masse d'attaque* d'une pesanteur spécifique considérable et d'une grande force, et l'articulation du coude, comme siége du mouvement, en est le *levier moteur*. Mais chez un pianiste d'une forte constitution corporelle, la force indomptée de toute cette masse

d'attaque serait beaucoup trop grande par rapport à la résistance du mécanisme du piano, et ne pourrait, par conséquent, produire qu'un effet dur et désagréable. Il devient donc nécessaire de la réduire et de la tempérer, ce qui s'obtient par cela même, qu'au moment de l'attaque, on laisse le courant moteur qui parcourt l'avant-bras et la main, s'amortir et se perdre en partie dans l'élasticité de l'articulation du poignet.

64. — Dans le moment I, toute la masse d'attaque se lève comme un seul membre, au moyen de l'articulation du coude, qui trouve une espèce de point d'appui dans l'arrière-bras, de manière à ce que les lignes des deux parties du bras forment entre elles un angle quelque peu aigu. Quant à la pointe des doigts, qui doit toujours se diriger vers les touches, elle peut, suivant l'intention de la force d'attaque, s'élever plus ou moins au-dessus du clavier : le moins sera le mieux.

Dans le moment II, la force motrice vient de tout l'arrière-bras, qui, au moyen de l'articulation du coude, détermine le mouvement d'attaque. C'est ici surtout qu'il faut éviter une chute lourde et dure de la masse d'attaque, en retenant en quelque sorte sa pesanteur spécifique, de manière à en atténuer l'effet dans ce qu'il a de trop âpre. Pour exécuter ce mode du toucher dans toute sa pureté, aucune autre articulation ne doit se mouvoir pendant l'acte de l'attaque, qui doit se faire dans la même direction que le mouvement ascendant : la sûreté du toucher en dépend.

Dans le moment III, il doit régner, comme conséquence de la règle de préparation, une certaine élasticité dans toutes les articulations ; car le mouvement d'attaque ne doit pas s'arrêter tout court et s'amortir brusquement, mais il doit en quelque sorte s'éteindre peu à peu dans une douce pression élastique.

5. — Toucher au moyen de l'Articulation des Doigts.

65. — Dans ce mode du toucher, les deux phalanges antérieures du doigt, comme membre à mouvoir, forment la *masse d'attaque*, et la première articulation du doigt, comme siége du mouvement, en est le *levier moteur*. Par suite de la minime pesanteur spécifique de la masse d'attaque, ce mode du toucher est favorable à un jeu léger et à une sonorité douce et délicate ; mais, en revanche, il est d'une exécution difficile. La nature de ce toucher diffère essentiellement des autres modes, en ce que les doigts n'y conservent pas toujours une position fixe et invariable.

66. — Dans le moment I, le mouvement de préparation ne peut se faire que par l'extension du doigt en ligne droite au moyen de sa première articulation. A cet effet, le doigt quitte la forme arrondie pour s'allonger vers la pointe avec la rapidité d'un ressort élastique, qui passe brusquement de l'état d'une courbure forcée à sa forme droite primitive. De ce mouvement rapide résulte une ligne droite dans la forme du doigt, qui, dans cette position indicative, conserve néanmoins une légère inclinaison vers la surface des touches, en quelque sorte comme si la pointe était toujours disposée à retourner à son point de départ. D'où il suit que les phalanges des doigts ne doivent pas précisément présenter une courbure prononcée, mais une sorte de flexion interne. Quant au pouce, sa conformation et sa position particulière ne lui permettent qu'un petit mouvement en avant, qui se réalise dans l'articulation de la main, au moyen de l'extension et de l'élasticité de la paume du pouce.

Dans le moment II, la force motrice vient de l'intérieur de la main, et se dirige le long du muscle tendu jusqu'à la première articulation du doigt, où elle excite le mouvement d'attaque dans le sens contraire de celui de la préparation. Par suite de cette direction du mouvement, nécessitée par la position opposée des points de contact et d'attaque, la pointe du doigt ne peut réaliser l'attaque que par un mouvement oblique et rentrant, qui la ramène vers l'intérieur de la main le long de la surface de la touche. Le pouce lui-même, dans ce moment, exécute un léger mouvement courbe et rentrant le long de la touche.

Dans le moment III, la pointe des doigts 2, 3, 4, 5, qui sont plus ou moins courbés, suivant que l'exigeait la sonorité voulue, reste à demeure sur la touche ou la quitte vivement, en se portant de plus en plus vers l'intérieur de la main. Dans ce dernier cas, le pouce, pour quitter la touche, n'a qu'à continuer son mouvement oblique et rentrant, auquel participera naturellement la paume de la main.

6. — Combinaison des Modes du Toucher.

67. — Les mouvements combinés du toucher reposent sur les mêmes conditions naturelles que les mouvements simples de chaque articulation particulière ; en conséquence, les articulations qui sont le véritable siége du mouvement, doivent *seules* être libres et mobiles, toutes les autres restant fermes et immobiles. Ceci s'obtient facilement et tout seul dans les combinaisons de plusieurs articulations *conjointes ;* mais cela devient plus difficile dans les combinaisons, où il y a une ou deux articulations *intermédiaires,* car celles-ci doivent être dominées, afin qu'elles ne se meuvent pas sympathiquement avec les autres, ou qu'elles ne les mettent pas dans un état de raideur.

68. — Dans les mouvements combinés du toucher, la position particulière des différents membres particuliers peut varier à l'infini, suivant le rapport de leurs lignes d'élévation et de direction. Mais toutes ces variétés dans la position de chaque membre particulier reposent, dans les modes combinés du toucher, sur les conditions fondamentales de leur position respective, qui viennent d'être exposées pour chaque mode en particulier, et d'après lesquelles il sera facile de trouver le mode d'exécution dans toutes les combinaisons possibles.

Il va sans dire que, dans ces combinaisons, les mouvements mécaniques du toucher s'exécutent de la même manière que dans chaque mode simple, en observant toujours les trois moments, tels qu'ils viennent d'être expliqués. Dans ces combinaisons, le moment II trouvera toujours une ou plusieurs articulations élastiques, qui recevront la force d'attaque et la tempéreront dans ce qu'elle pourra avoir de trop rude et de trop violent. Néanmoins ces articulations doivent, malgré leur souplesse, toujours être animées d'une certaine *volonté*, de manière à ce que chaque moment du toucher reste constamment au pouvoir de l'exécutant.

7. — Combinaisons des Attaques simultanées ou successives.

69. — Il arrive quelquefois que 2, 3, 4 et 5 doigts d'une même main sont *simultanément* en activité, et cela dans tous les modes du toucher ; de la même manière un *seul* doigt peut attaquer *deux* touches à la fois dans un seul mouvement. Une semblable combinaison de touches conjointes et disjointes sous l'attaque simultanée de plusieurs doigts d'une même main, forme ce que l'on appelle en musique un *accord*. L'exécution des attaques simultanées de plusieurs doigts repose sur les

mêmes règles qui régissent les mouvements mécaniques de chaque doigt en particulier ; seulement il faut y ajouter deux conditions, dont l'une modifie la position des membres, et dont l'autre est relative à une habileté particulière.

70. — Dans les attaques multiples qui dépassent l'étendue de cinq touches, les doigts ne pourront pas toujours conserver leur position normale, telle qu'elle a été décrite précédemment, parce qu'ils auront à s'approprier, dans leur écartement, à la distance locale des touches entre elles. — Un seul et même doigt ne peut attaquer simultanément que deux touches *blanches conjointes* ou deux touches *noires conjointes*, et ce doigt ne peut être que le *pouce*, qui seul, par sa conformation, remplit les conditions voulues pour abaisser deux touches à la fois. Dans ce but, il sera obligé de se courber plus ou moins en dehors, suivant les circonstances, afin de pouvoir se mettre en croix sur la ligne médiane de deux touches conjointes.

Il devient inutile de faire remarquer que l'*unité* et la *simultanéité* d'attaque sont ici les conditions essentielles, et que, par conséquent, les pointes des doigts en activité doivent se trouver dans une position relative. Les touchers au moyen des articulations de la main et des doigts déterminent un mouvement spontané dans les doigts en activité, à l'exclusion de tous les autres membres. Il en est autrement dans les touchers au moyen des articulations du poignet et du coude, où les doigts ne se meuvent pas par *eux-mêmes*, mais où ils sont *mus* par une autre articulation ; voilà pourquoi, dans les attaques multiples, la pointe des doigts en activité doit dépasser celle des autres (non-actifs), de manière à ce qu'elles *seules* puissent, au moment de l'attaque, abaisser simultanément les touches correspondantes.

71. — Dans les accords, comme combinaison de ce qui appartient l'un à l'autre (de ce qui se convient), l'attaque *successive* des doigts est l'antithèse directe de leur attaque *simultanée ;* mais, dans ce sens, la succession des touches à attaquer est naturellement si serrée, que la notion d'unité subsiste encore dans la combinaison. Cette succession des touches d'un accord peut se faire de toutes les manières imaginables, soit isolément, soit par groupes égaux ou inégaux, soit par un mélange quelconque, suivant la nécessité, la convenance ou la fantaisie, en vue d'un effet déterminé. Comme dans cette manière de traiter les accords, on sépare, on isole ce qui s'appartient dans le temps, on *brise* les accords en sons isolés, d'où est venue la désignation d'*accords brisés* ou *arpégés.*

Conformément à la loi naturelle de la génération des sons, on est convenu que le brisement des accords se fait toujours dans la direction *ascendante,* c'est-à-dire de bas en haut ; cependant il se fait aussi *exceptionnellement* dans la direction contraire. Outre cette manière de jouer les accords, il en existe une autre, qui consiste à faire succéder les attaques avec une *vitesse si absolue* entre elles, que les mouvements isolés semblent se confondre en un *seul*, sous une forme tremblante appelée *tremolo.*

Conclusion.

72. — Dans tout ce qui précède, nous croyons avoir donné une idée suffisante de tout ce qui constitue la base fondamentale du *mécanisme du toucher.* Un *heureux instinct* et un *sentiment fin,* joints à la *flexibilité* et à l'*habileté naturelle* des organes faciliteront l'exécution de *tout* ce qui, par une description longue et détaillée, paraît peut-être beaucoup plus compliqué et plus difficile

que cela ne l'est en réalité. Cependant, il faut partout et en toutes choses élever son *pouvoir* à la hauteur du *savoir conscient*. Un pianiste cultivé ne doit jamais s'abandonner au bon vouloir de ses mains et de ses doigts, pour les laisser procéder plus ou moins à tâtons et sans but dans les aventures et les ténèbres de leur instinct. Partout il doit mettre son savoir en harmonie avec son sentiment, car il faut *savoir* ce que l'on *sent* pour être en état d'unifier son intention avec son vouloir et son pouvoir. Mais ce n'est que lorsque le savoir acquis par une étude constante sera devenu une seconde nature pour l'exécutant, que la théorie sera véritablement vivifiée par la pratique, et que l'activité instinctive s'élèvera à la hauteur du sentiment conscient.

CHAPITRE IV.

NATURE ET PRODUCTION DES SONS.

Considérations préliminaires.

73. — On conçoit facilement qu'il ne peut être question ici que de la simple production physique des sons au moyen du toucher. Ce n'est qu'avec la culture simultanée du *toucher* et du *sens tonal* au point de vue de la beauté des sons, que le mécanisme du toucher se complétera et transformera ainsi la notion générale de sonorité en celle de *formation esthétique* des sons. Sans

doute, chaque instrument possède en propre une certaine qualité de son, mais on ne peut toujours la considérer que dans un sens général, par la raison que, sous l'action du toucher, un instrument excellent en lui-même peut gagner ou perdre en bonté apparente, suivant qu'il est plus ou moins bien joué. La véritable qualité sonore d'un instrument, ainsi que la valeur du toucher de l'exécutant, ne peut se manifester que dans la *relation musicale* des sons entre eux. Mais cette relation entraîne nécessairement l'*union* de contrastes relatifs pour une belle expression tonale, car l'une est comprise dans l'autre; en conséquence, nous allons examiner préalablement ces contrastes, en ce qui concerne la production et la formation des sons.

74. — Le *son* d'un instrument en lui-même est une notion générale et indistincte; mais avec les notions d'un son *fort* et *faible*, *long* et *bref* naissent immédiatement les *contrastes* les plus variés, qui, en vue d'une belle sonorité, doivent s'unifier sur le piano par l'action d'un toucher cultivé. Dans ce sens, la nature du son comme telle, abstraction faite de ce qu'on appelle sa *couleur naturelle*, son timbre, ne peut se manifester que de deux manières différentes, savoir : par sa *force intérieure* et par son *extension extérieure*. La force intérieure, c'est l'*intensité*, qui comprend la force et la faiblesse du son, et l'extension intérieure, c'est la *durée*, qui comprend la longueur et la brièveté du son. — Mais la force et la faiblesse, la longueur et la brièveté des sons, comme antithèses, ne peuvent être déterminées nettement que par des rapports opposés, parce qu'au fond on ne peut les mesurer que par comparaison. D'où il suit qu'il faut toujours *plusieurs* sons, c'est-à-dire une succession de sons, pour pouvoir en apprécier exactement l'intensité et la durée.

1. — Intensité des Sons.

75. — Il n'existe point de mesure *absolue*, fixe et invariable, pour déterminer le degré d'intensité des sons ; une semblable mesure ne peut et ne doit pas exister, puisque chaque degré se détermine par les conditions réciproques de la nature de l'instrument et de l'exécutant. D'où il suit, relativement au toucher du piano, que le degré de l'intensité des sons est en raison *directe* de l'emploi de la force d'attaque, eu égard à la propriété de l'instrument et à l'individualité de l'exécutant; c'est-à-dire que l'emploi du plus *petit* degré de force produit le son le plus *faible*, et réciproquement, que le plus *grand* degré de force produit le son le plus *fort*. Quant aux degrés intermédiaires, ils se déterminent *proportionnellement* d'après ces extrêmes qui les renferment.

76. — Si nous admettons maintenant entre les extrêmes un moyen terme dans le sens de *moyen-faible* et de *moyen-fort*, ainsi que cela est fondé sur la nature même de la chose, il en résulte quatre principaux degrés qui forment la base normale de toutes les modulations d'intensité, savoir : *faible*, *moyen-faible*, *moyen-fort* et *fort*. — Pour exprimer ces différents degrés d'intensité, on se sert en musique de mots *italiens* (1) ou simplement de leurs abréviations, savoir ainsi :

Piano ou *p :* faible.
Mezzo-piano ou *mp :* mi-faible.
Mezzo-forte ou *mf* : mi-fort.
Forte ou *f :* fort.

Quant à la multiplicité des autres degrés d'intensité,

(1) L'emploi des mots italiens repose sur une raison historique, justifiée et sanctionnée par l'usage universel.

ils se déterminent d'après ces quatre principaux, et se désignent généralement par des modifications des termes précédents, ainsi qu'on peut le voir dans un solfége quelconque. C'est à l'exécutant d'en calculer finement la gradation et de les exprimer suivant son propre sentiment du beau.

La *transition graduelle* d'un extrême à l'autre, avec toutes les nuances intermédiaires, se fait par l'*augmentation* et la *diminution* de la force ou de la faiblesse du son, et se désigne par les termes suivants :

Crescendo ou *cresc.* — en augmentant peu à peu.
Decrescendo ou *decresc.* — } en diminuant peu à peu.
Diminuendo ou *dimin.* — }

Le *crescendo* trouve aussi sa désignation sensible dans le signe : <, et réciproquement, le *diminuendo* ou le *decrescendo* dans le signe renversé : >.

2. — Durée des Sons.

77. — Nous n'avons à envisager ici la durée des sons que dans le sens général d'une antithèse abstraite, eu égard à leur *longueur* ou à leur *brièveté absolue*. Il ne faut pas confondre cette durée *absolue* de la vibration du son avec sa durée *relative*, déterminée par la division métrique du temps. La durée relative des sons appartient à l'enseignement élémentaire de la musique, tandis que la production des sons, tant sous le rapport de l'intensité que de la durée, appartient à la mécanique et à la dynamique, et, par conséquent, à l'exposé systématique de l'élément mécanique, tel qu'il a lieu ici. Là, où le son a musicalement une durée déterminée, il est toujours en relation proportionnelle avec d'autres durées également déterminées ; mais là, où il se conçoit dans le sens de sa pure essence sonore, sans avoir égard à sa durée musicale dans le temps, là, il ne peut être question

que de sa durée *absolue*, comme longueur ou brièveté, dans le sens d'une antithèse abstraite. Par conséquent, il ne s'agit ici de longueur et de brièveté des sons, que dans un sens général, pour distinguer un son long d'un son bref ou court.

78. — De même que la *ligne* et le *point* forment mathématiquement une antithèse abstraite, de même aussi le son *long* est l'opposé du son *bref;* voilà pourquoi les notes représentant des sons *longs* sont surmontées d'une *ligne* (en forme d'arc), tandis que les signes pour les sons *brefs* sont surmontés d'un *point*, comme indication sensible de leur durée plus ou moins longue ou courte.

En conséquence, un son donné est considéré comme *long*, lorsqu'il pourrait être encore plus court, — comme absolument *bref*, lorsqu'il ne pourrait être plus court. Entre ces deux extrêmes de l'*absolu-long* et de l'*absolu-bref*, se trouvent les moyens termes de *mi-long* et de *mi-bref*, tels qu'ils sont fondés en raison sur la nature de la chose. De là nous obtenons également quatre degrés principaux dans la durée des sons, qui se désignent, dans l'usage ordinaire, par les expressions suivantes :

Legato ou *leg.* — absolument long (*lié*);
Mezzo-legato / *Non-legato* } — mi-long (*non-lié*);
Mezzo-staccato / *Legato-staccato* } — mi-bref (*moitié détaché*);
Staccato ou *stacc.* — absolument bref (*détaché*).

79. — De nature chaque son possède la propriété de *vibrer* plus ou moins longtemps, suivant la faculté vibratoire de l'organe sonore qui le produit. C'est ainsi que l'essence du son se conçoit ordinairement dans le sens de la *durée absolue;* par conséquent la notion du son en

général et celle de sa vibration plus ou moins longue sont une seule et même chose. Voilà pourquoi aussi on sous-entend naturellement, dans la production des sons, le moyen mécanique, correspondant à la sonorité prolongée, là, où il n'existe aucune indication spéciale dans la notation. Mais, comme le son a naturellement une durée par sa propre force, il s'ensuit que le son *bref*, comme antithèse de l'essence du son, doit être produit par un moyen artificiel, qui lui ôte intentionnellement ses conditions d'existence positive. En conséquence, on ne doit employer le moyen mécanique correspondant à la *sonorité brève*, que là, où la notation en donne une indication relative.

CHAPITRE V.

LES MODES DU TOUCHER COMME MOYENS DE SONORITÉ.

Considérations préliminaires.

80. — De même que le son se produit en général par le toucher, de même l'espèce de sonorité, relativement à l'intensité et à la durée, s'obtient par le mode du toucher; chaque effet particulier exige aussi un moyen particulier. Il s'agit donc maintenant d'établir la relation qui existe entre les différents modes du toucher, comme moyens, et les variétés de sonorité, comme effets; non pas avec l'admission exclusive, que chaque mode particulier du toucher ne puisse produire qu'une *seule* de

ces variétés sonores ; mais bien plutôt dans le sens que certains modes du toucher sont plus *particulièrement* propres à certains effets, et que d'ailleurs aussi certains effets particuliers, sous des conditions particulières, ne peuvent être produits que par un mode relatif du toucher.

Ainsi, d'un côté les différents modes du toucher se rencontrent et se croisent dans le cercle de leurs propriétés, tandis que de l'autre ils s'écartent entièrement les uns des autres, c'est-à-dire qu'il y a dans la musique de piano des effets de sonorité que l'on peut produire de la même manière au moyen de chacun des modes particuliers du toucher ; mais qu'il y en a aussi d'autres qui ne peuvent s'obtenir qu'au moyen d'un *seul* mode déterminé. D'où il suit que chaque mode du toucher est nécessaire, puisque chacun d'eux possède ses propriétés particulières, qui n'appartiennent qu'à lui seul, et que, par conséquent, il convient de leur accorder à tous une égale importance dans l'étude du piano.

1. Sonorité forte et Sonorité faible.

81. — Nous avons vu précédemment (75) que le degré d'intensité des sons est en rapport réciproque avec la force d'attaque, telle qu'elle résulte de l'état de fermeté des organes du toucher ; par conséquent, la force ou la faiblesse des sons repose essentiellement sur les moments I et II du toucher. Nous pouvons dès lors vis-à-vis des quatre principaux degrés d'intensité établir également quatre degrés correspondants dans la force d'attaque. Mais dans une semblable gradation de la force d'attaque, il n'est nullement nécessaire — ni même possible — de fixer ces degrés pour chaque individualité une fois pour toutes et d'une manière absolue : un *dynamomètre* peut seul conserver une pareille invariabilité rigide, mais non l'homme. Il s'agit bien plutôt d'un rap-

port bien gradué dans la différence des degrés, tel que chaque exécutant doit peu à peu l'incorporer dans son propre toucher par une étude raisonnée de l'emploi de sa force, afin d'être en état, en tout moment et en toute circonstance, de réaliser toujours avec connaissance de cause le même rapport de gradation.

82. — Cette haute faculté de graduer la force d'attaque, si importante pour l'effet de toute musique, doit être éveillée et cultivée déjà avec et dans les exercices mécaniques du toucher. Lorsque les mouvements primitifs auront été étudiés à fond, et que les différents modes du toucher comme tels — chacun dans son essence spécifique — auront été parfaitement compris et que leur mode d'exécution se sera incorporé dans la nature de l'exécutant, celui-ci sera aussi en état d'épier et de découvrir les propriétés particulières de chaque mode relativement aux effets de sonorité: les exercices techniques en fourniront l'occasion. Par les découvertes personnelles et spontanées de l'élève, le sentiment pour la gradation de la force se développera et deviendra susceptible de s'approprier la partie intellectuelle de la théorie explicative pour en faire toutes les applications pratiques. — Chaque mode du toucher peut renfermer en lui-même une gradation dans l'emploi de la force, mais seulement dans une mesure plus ou moins limitée, de telle sorte que les degrés intermédiaires se trouvent restreints à un espace moindre. Dans les cas où plusieurs modes du toucher peuvent réaliser un seul et même degré de force voulu, le choix convenable du mode se détermine par des conditions purement techniques et par l'intention de l'exécutant.

83. — La plus grande capacité de force réside dans le toucher au moyen de *l'articulation du coude,* par la raison naturelle que sa masse d'attaque a la plus grande

pesanteur spécifique parmi tous les autres modes du toucher, et qu'elle est mue par le levier et le membre le plus fort. De même que l'articulation du coude peut, avec le concours de l'avant-bras, soulever une grande masse, de même aussi elle peut la porter et la tenir comme suspendue en l'air. Cette faculté de retenir la force, de rentrer en quelque sorte en soi-même la traction de la pesanteur spécifique, est propre à chacun des muscles et des membres formant la masse d'attaque; en conséquence, ce mode du toucher peut également se prêter aux nuances délicates, depuis le degré le plus faible jusqu'au plus fort. Cependant ce toucher, exigeant une certaine dépense de force et de peine dans les degrés extrêmes du *piano* pour retenir ainsi le poids d'une si grande masse d'attaque, est plus propre, par sa nature, à la sonorité forte qu'à la sonorité faible.

84. — Dans le toucher au moyen de l'*articulation du poignet*, la pesanteur spécifique de la masse d'attaque et la force du levier moteur correspondant sont encore d'une telle importance, que déjà par la hauteur de la chute du poignet on peut obtenir une certaine puissance d'attaque. Ce mode du toucher est donc, après le précédent, celui qui permet de réaliser le plus grand degré de force. En outre, comme l'articulation motrice est plus rapprochée du point d'attaque, les mouvements mécaniques de ce toucher sont plus délicats et plus précis, par cela même que la masse d'attaque est plus facile à gouverner, et que dans son élévation elle peut trouver en même temps une espèce de flottement éthéré. Par là ce mode du toucher est également susceptible de toutes les nuances d'intensité, depuis la plus faible jusqu'à la plus forte. Cependant, si de nature ce toucher se prête mieux à la sonorité faible que le précédent, son emploi y exige néanmoins une certaine retenue préméditée dans

la force tractive de la pesanteur spécifique : d'où il suit qu'il convient mieux à la sonorité moyenne qu'à la sonorité faible.

85. — Dans le toucher au moyen de l'*articulation de la main* la masse d'attaque ne se compose que de la pesanteur spécifique d'un *seul* doigt, et celui-ci reçoit sa force motrice d'une articulation particulière qui, comparativement aux précédentes, est beaucoup plus faible, en même temps qu'elle varie naturellement de force d'un doigt à l'autre. Si donc par cela le degré de force extrême de ce mode du toucher est déjà bien inférieur à celui du mode précédent, il faut encore, d'un autre côté, tenir compte de cette inégalité naturelle dans la force des doigts entre eux. De là la nécessité pour l'exécutant de combiner le poids de la main avec les mouvements mécaniques des doigts, de manière à équilibrer l'inégalité de force musculaire des doigts entre eux. Il va sans dire que l'articulation du poignet, comme levier moteur de la main, joue toujours un rôle médiateur plus ou moins actif dans ce mode du toucher, suivant les nécessités esthétiques du degré d'intensité. — Par suite de la position favorable de l'articulation motrice et de la minime pesanteur spécifique de la masse d'attaque, ce mode du toucher se prête à la sonorité la plus douce et aux nuances les plus délicates, y compris tous les degrés intermédiaires. Cependant, dans une sonorité forte, son emploi nécessite une plus grande dépense de force qu'il n'exige de précaution dans les degrés extrêmes de la sonorité faible ; d'où il suit que, par sa nature, ce mode du toucher convient mieux à la sonorité *mi-faible* qu'à la sonorité *mi-forte*.

86. — Dans le toucher au moyen de l'*articulation des doigts*, ainsi qu'on le sait, la force motrice vient du levier le plus petit et le plus faible, et la masse d'attaque

elle-même est parmi toutes les autres la plus petite et la plus légère en pesanteur spécifique. En outre, la direction des mouvements mécaniques, sous forme de *glissando horizontal*, est moins favorable au développement de la force que la direction verticale des mouvements ordinaires, ce qui place ce toucher, dans sa plus grande capacité de force, au quatrième degré de la sonorité vis-à-vis des autres modes. Mais, si ce toucher le cède aux autres pour la force et la puissance de sonorité, il se prête merveilleusement aux nuances d'intensité les plus fines et les plus délicates, car la masse d'attaque correspond si immédiatement avec la pointe sensible du doigt, qu'elle est susceptible du toucher le plus nerveux et, par conséquent, de la sonorité la plus douce. D'où il suit, que ce toucher est particulièrement favorable aux nuances délicates et que, par sa nature, il a une propension marquée vers les degrés extrêmes de la sonorité faible.

Tels sont les rapports respectifs entre les degrés de la force naturelle dans les différents modes du toucher et les degrés de sonorité correspondante : la plus grande force produit la sonorité la plus forte, et la plus petite force, la sonorité la plus faible; ces deux conditions extrêmes renferment tous les degrés intermédiaires.

87. — Les *modes combinés* du toucher se prêtent également à toutes les nuances d'intensité, suivant la capacité naturelle des différents organes réunis dans une même activité. Le précédent exposé de la nature de chaque mode particulier doit suffire pour donner l'intelligence de ces sortes de combinaisons. Remarquons seulement, en terminant, que les modes combinés du toucher se caractérisent en général par une sorte d'union entre les antithèses de *force* et de *faiblesse*, de *pesanteur* et de *légèreté*.

2. — Sonorité longue et sonorité brève.

88. — Sur le piano, une touche résonne après l'attaque, aussi longtemps qu'on la tient abaissée; d'où il suit que la durée des sons repose essentiellement sur le moment III. Mais la longueur de la durée des sons du piano ne consiste réellement que dans la résonnance de la corde, provenant de ses vibrations s'affaiblissant de plus en plus jusqu'à une expiration complète. Par conséquent, la durée des sons se détermine, en dehors de l'abaissement de la touche, aussi par la faculté de vibration des cordes, — et celle-ci par l'attaque, — de telle sorte qu'aucun art ne pourrait prolonger le son d'un piano au-delà de cette limite naturelle: tout ce qu'il est possible de faire, c'est de le renouveler par une nouvelle attaque. C'est là précisément le côté faible de l'instrument au point de vue de l'expression musicale.

89. — Quant à la *brièveté* des sons, elle se détermine par un moyen artificiel, savoir: par l'abandon *rapide* de la touche, sitôt l'attaque faite. Dans ce but, le mouvement d'attaque doit se faire d'une manière si rapide, en quelque sorte si fugitive, que le son apparaisse comparativement comme un point d'une consistance plus ou moins grande. Le moment III, dans lequel le repos et la préparation se confondent, doit paraître n'en faire qu'un seul et même avec le mouvement précédent de l'attaque. — De même que le son absolument *long* ou *bref* — dans le sens d'une antithèse abstraite — de la même manière une attaque est absolument *longue,* lorsqu'elle pourrait être encore plus courte, quelle que soit d'ailleurs sa durée relative, et absolument *brève,* lorsqu'elle ne pourrait être plus courte.

90. — La longueur et la brièveté du toucher se reconnaissent essentiellement dans le moment du repos, où le

doigt en activité demeure plus ou moins longtemps *sur* la touche ou *au-dessus* d'elle : s'il repose sur la touche, le toucher est *long*, s'il demeure au-dessus d'elle, le toucher est *bref*. Par conséquent, dans le toucher long le moment II sera sensiblement séparé du nouveau moment I par le moment III, comme moment intermédiaire, ce que l'on peut constater par la vue et par l'oreille; tandis que dans le toucher *bref*, au contraire, le moment II et le nouveau moment I ne paraîtront nullement séparés par le moment III, car le moment II se reliera si immédiatement au nouveau moment I, que le moment du repos sera annulé et qu'il ne pourra être aperçu ni par l'œil ni par l'oreille. Dans tous les modes du toucher, la simple volonté de fixer le doigt sur la touche pendant le moment III, suffit pour réaliser la sonorité longue; car de l'acte mécanique de l'attaque naît facilement le moment du repos. En ce qui concerne l'activité intérieure pour la production de la sonorité longue, il faut déjà, pendant l'acte même du mouvement d'attaque, préparer en quelque sorte la *pression* nécessaire pour le moment III, afin qu'elle puisse dès le moment II exercer son action.

Quant à la sonorité *brève* elle s'obtient, dans tous les modes du toucher, au moyen de l'attaque brève, en quittant vivement la touche après le moment II, de telle sorte que le moment III disparaisse et se confonde négativement avec et dans le nouveau moment I. Par là, le moment de l'attaque et celui de la préparation sembleront tomber dans un seul et même moment, et la pointe du doigt en activité paraîtra se trouver à la fois *en bas* et *en haut ;* d'où il suit que le mouvement ascendant, comme moments III et I confondus, se présentera matériellement comme une sorte de *saut*, qui fait rebondir la masse d'attaque par sa propre force élastique.

91. — En ce qui concerne la production de la sono-

rité longue et brève, au moyen des *modes combinés* du toucher, elle repose sur les conditions naturelles qui viennent d'être exposées. La *sonorité longue* correspond à la pesanteur, à la pression, par la raison que le moment III y est prédominant; tandis que la *sonorité brève*, par la raison contraire, correspond à la légèreté, à la délicatesse: là s'approprie la force, ici la faiblesse. Voilà pourquoi une combinaison avec l'articulation du *coude* ou du *poignet* pourra convenir pour une sonorité *brève* et *forte*, ou bien, une combinaison avec l'articulation de la *main* ou des *doigts*, pour une sonorité *brève* et *faible*; la première combinaison pourrait également servir pour une sonorité *longue* et *forte*, et la seconde, pour une sonorité *longue* et *faible*. Quant aux combinaisons des articulations intermédiaires entre elles et de celles-ci avec les articulations extrêmes, il sera facile de les déduire de ce qui précède et d'en faire l'application pratique.

CHAPITRE VI.

SONORITÉ COMBINÉE AU MOYEN D'ATTAQUES COMBINÉES.

Considérations préliminaires.

92. — Là, où les doigts d'une *même* main exécutent deux ou plusieurs attaques en même temps, là, on peut aussi réaliser une combinaison de différentes espèces de sonorités à la fois. C'est ainsi que, dans un accord

(attaque simultanée de plusieurs sons), on peut produire une sonorité combinée proportionnelle *forte* et *faible*, — *longue* et *brève*, — comme aussi *forte-longue* et *faible-brève*, — ou *faible-longue* et *forte-brève*, — suivant la différence du mode d'exécution des doigts en activité simultanée. Les degrés intermédiaires de l'intensité et de la durée des sons, ainsi que leur mélange avec les degrés extrêmes, sont compris dans les combinaisons précédentes. — Toutes ces variétés de sonorité combinée trouveront particulièrement leur application pratique dans les accords *plaqués*, *brisés*, *arpégés* et *trémulés*, et, en général, dans les morceaux de piano, où la même main exécute simultanément un chant et un accompagnement.

93. — Ordinairement une semblable combinaison artistique de la sonorité paraît presqu'impossible à l'élève ; mais c'est une erreur que le maître dissipera facilement par quelques exemples pratiques. Ce difficile moyen d'exécution, qui est la véritable pierre de touche du pianiste cultivé, produit les effets les plus beaux et les plus variés ; mais il ne s'apprend sûrement que par un exercice assidu et fréquent. Cette étude est de la plus haute importance et de la plus grande utilité, car elle favorise et élève le développement des organes du toucher, en même temps qu'elle ajoute à la puissance d'expression, plus que l'élève ne le soupçonne au commencement. Le pianiste qui ne saura produire ces effets de sonorité combinée, aura toujours un jeu froid et sans expression.

L'élève devra donc diriger tous ses efforts sur cette étude importante, et chercher à bien se pénétrer de chaque acte mécanique, propre à ce mode de sonorité. Assurément les premiers essais ne lui réussiront pas toujours ; mais à force de les renouveler tous les jours avec l'énergie de la volonté, ne fût-ce que pendant cinq minutes, le sentiment des mouvements mécaniques se développera et finira par dominer l'activité instinctive des organes du toucher. Le triomphe de ces difficultés est affaire d'honneur pour chaque pianiste, car c'est là que réside précisément le grand talent de cette fine et délicate accentuation, qui est la source de ces effets de sonorité dont l'auditeur ne peut le plus souvent pas se rendre compte.

1. — Combinaison de la Sonorité forte et faible.

94. — La combinaison de la sonorité forte et de la sonorité faible dans une attaque multiple exige une différence de force dans l'activité simultanée des doigts d'une même main. Ce résultat peut s'obtenir de l'une des trois manières suivantes : 1° par un mode différent dans la *seule* activité des *doigts ;* 2° par un mode différent dans la *seule* activité de la *main ;* 3° enfin par la réunion des deux modes précédents. Dans le premier cas, la sonorité *forte* s'exécute au moyen d'une certaine fermeté dans les doigts, et la sonorité *faible*, à l'aide de doigts plus lâches et plus élastiques ; — dans le second cas, la main exerce une *pression* plus forte sur le doigt qui exécute la sonorité *forte*, que sur celui qui exécute la sonorité *faible ;* — enfin, dans le troisième cas, la main presse plus ou moins sur le doigt plus ferme, qui exécute la sonorité *forte*, tandis qu'elle presse peu ou pas du tout sur le doigt plus lâche, qui exécute la sonorité *faible*.

95. — Dans les attaques multiples de plus de deux doigts d'une seule main, les modes de sonorité entre *trois* doigts se combinent de telle sorte, que l'attaque de deux doigts se combinant soit *forte*, pendant que celle

de l'autre est *faible*, ou réciproquement, une attaque *forte* et deux *faibles*. Dans les combinaisons de *quatre* doigts, il peut y avoir simultanément deux attaques *fortes* et trois *faibles*, enfin trois *fortes* et une *faible*, et ainsi de suite.

Pour la réalisation de ces sortes de combinaisons, il faut principalement développer la sensibilité des muscles et des nerfs, afin que les doigts puissent se mettre simultanément dans des états différents, et que la main puisse porter le centre de gravité de sa pesanteur indistinctement vers tous les points. Dans ce but, il faut se figurer la main comme divisée en deux parties par la ligne médiane du doigt 3 dans toute sa longueur, depuis la pointe jusque dans l'avant-bras. Le côté des doigts 1-2, avec leur partie relative de la main, forme la *première* moitié, et le côté des doigts 4-5, avec leurs dépendances de la main, forme la *seconde* moitié; entre les deux, le doigt 3, par sa propre signification de *medium*, se détermine naturellement comme le centre de gravité de toute la main. Mais de nature, ces deux moitiés sont de force inégale entre elles : la première est la plus forte, tandis que la seconde est naturellement la plus faible. D'où il suit que, dans une sonorité forte des doigts 1-2, la première moitié de la main se suffit à elle-même, tandis que, dans le même degré de sonorité des doigts 4-5, la seconde moitié a déjà besoin du concours de l'autre partie, qui, dans ce but, doit diriger le centre de gravité vers ce point. Mais si les deux moitiés (ainsi toute la main) doivent réaliser simultanément une attaque multiple d'égale force, il est dès lors évident que la moitié la plus forte devra reverser une partie de sa force sur la moitié la plus faible, afin de les égaliser entre elles; dans ce cas, le doigt du milieu, comme centre, sert de médiateur, et l'articulation du poignet de levier-moteur.

96. — De ce qui précède, il sera facile de déduire le mode d'exécution pour les différentes combinaisons de sonorités dans les attaques multiples. Là, où la main doit agir avec une égale pression sur deux points *opposés*, la pesanteur se répartira également sur toute la surface de la main ; quant aux doigts intermédiaires, qui doivent réaliser en même temps des sons faibles, ils auront à se mettre dans un état de relâchement correspondant à la sonorité contrastante. — Lorsque l'attaque exige une plus grande force de pression, la coopération de l'articulation du poignet peut être justifiée, en tant que celui-ci agit moitié comme pression, moitié comme traction ; dans les degrés extrêmes de la force de pression, on peut même employer avec succès (au moment de l'attaque) le poids de l'avant-bras agissant comme traction sur l'articulation du poignet.

2. — Combinaison de la Sonorité longue et brève.

97. — Dans la combinaison de la sonorité *longue* et de la sonorité *brève*, la répartition de la force de pression dans la main ne se régit diversement que sous le rapport de sa durée, en ce sens que la partie correspondant au doigt tenu du son *long* continue son action après l'attaque, tandis que celle qui correspond au doigt relevé du son *bref*, la cesse aussitôt après le moment de l'attaque. Quelque minime que soit la durée du son long à côté du son bref, il faut néanmoins que le doigt de ce dernier quitte toujours avant celui du premier. D'où il suit que, dans ce mode de combinaison, le son bref ne peut, en tous cas, être produit que par le toucher au moyen de l'articulation de la main ou des doigts, ou par la combinaison des deux, par la raison que le dos de la main doit rester en bas pendant toute la durée du son

long, et que, par conséquent, on ne peut l'enlever ni par l'articulation du poignet, ni par celle du coude. Mais là où le son bref à côté du son long peut se faire avec une partie libre de la même main, on peut également employer l'articulation du poignet pour enlever cette moitié libre de la main, pendant que l'autre pèse sur la touche abaissée, ce qui se fait facilement en inclinant légèrement la main vers le côté opposé.

Remarquons encore que dans la combinaison triple et multiple de la sonorité longue et brève, la division de la main se fait de la même manière que dans les attaques multiples de l'intensité combinée, d'après quoi la répartition de durée et de cessation de la pression de la main se détermine d'elle-même.

3. — Conjonction de la double combinaison de Sonorité.

98. — Dans cette double combinaison, où les rapports de durée se joignent à ceux d'intensité, — où par conséquent les deux doivent se réunir dans un même moment d'attaque, — les moyens d'exécution reposent sur les mêmes lois qui régissent chaque combinaison particulière. Ces lois seront toujours plus faciles à réaliser là où un son *long* et *fort* doit se réunir à un son *bref* et *faible* dans un même moment d'attaque, que là où un son *faible* et *long* se réunit à un son *fort* et *bref* dans un même moment d'attaque. La raison en est que, dans le premier cas, la double activité *positive* et *négative* de la pression de la main est entièrement dans les conditions normales, tandis que dans le second cas, elle est sollicitée en deux sens *opposés*, ainsi que cela résulte des principes exposés plus haut (94-97). D'après cela, l'attaque simultanée d'un son *faible* et *long* et d'un son *fort* et *bref* ne peut se réaliser que par une combinaison

proportionnelle de la *fermeté* ou du *relâchement* des doigts et de la pression *active* ou *passive* de la main, suivant l'intention de leur activité réciproque. Ce moyen, qui est tout naturel, est très-praticable, cependant, pour les raisons données, il présentera toujours une certaine difficulté.

4. — Application pratique.

99. — Si l'on conçoit ainsi clairement les différents effets de sonorité musicale et les moyens d'exécution correspondants, suivant l'ordre systématique de leur relation réciproque, alors cesse l'arbitraire et le bon plaisir dans la manière de jouer du piano ; on saura toujours *choisir* ces moyens en conséquence, et cela avec *intention* et *connaissance de cause*. Et si l'exécutant joint à cela une manière particulière et caractéristique dans l'exécution des mouvements du toucher, il peut être mis en état d'imprimer à son jeu un cachet particulier et déterminé, premier présage (au moins extérieur) d'un futur style individuel. Cela s'explique par la raison que, après une longue étude raisonnée sur l'emploi des moyens d'exécution, ceux-ci s'incorporent peu à peu dans la nature du pianiste, et que finalement ce dernier les réalise sans aucune attention particulière, en quelque sorte à son insu. Mais, si dès le début on s'abandonnait au seul sentiment instinctif, le résultat ne pourrait être favorable, par la raison naturelle qu'au commencement le sentiment n'était pas encore formé et cultivé pour l'objet spécial. Ce n'est que lorsque *ce qui se sent* est aussi *compris*, et que *ce qui se comprend* est aussi *senti*, c'est-à-dire quand *l'un* a formé *l'autre* et que tous *deux* se sont pénétrés réciproquement, alors seulement se forme dans l'esprit cette unité d'idées, que l'on appelle *raison :* en elle l'esprit et le sentiment ne font qu'*un* et s'élèvent à la hauteur du *savoir-conscient*.

C'est ainsi que dans l'emploi des moyens d'exécution le sentiment du pianiste se développe à tel point, que finalement les mains et les doigts cultivés arrivent à savoir en quelque sorte instinctivement, comment se fait *ceci* et *cela* et *ce qui* est à faire, sans que l'esprit de l'exécutant s'y livre à une activité particulière. Chez celui que la nature a doué des facultés nécessaires, une longue pratique peut sans doute aussi amener un semblable résultat, sans le secours d'une activité intellectuelle préalable ; mais celui qui veut devenir maître lui-même, doit absolument connaître théoriquement et pratiquement tous les moyens d'exécution, ainsi que leur mode d'emploi. Quant à l'élève, il doit s'efforcer à tout faire avec connaissance de cause, à savoir toujours exactement l'effet qu'il veut produire ; il doit apprendre peu à peu à calculer les moyens en conséquence, afin de pouvoir les mettre ensuite en pratique, suivant sa volonté et son intention. Cette triple activité de *vouloir*, de *choisir* et *d'exécuter* doit être cultivée à tel point, qu'avec le temps elle vienne à se réaliser avec la rapidité de la pensée pour se confondre en un seul moment. Mais il importe ici que l'élève se crée intérieurement, par l'exemple, le travail et le goût, un idéal du beau et du vrai, et qu'il cherche déjà maintenant à l'exprimer au dehors selon ses moyens, afin qu'il ne devienne pas seulement un pianiste mécanique, comme on en voit tant, mais qu'il acquière les moyens de produire sur le piano de la musique vraie et pénétrante.

CHAPITRE VII.

SUCCESSION DES SONS ET DES MOUVEMENTS.

Notions préliminaires.

100. — Au point de vue du toucher, nous n'avons à envisager ici une suite de sons différents, comme *succession de sons*, que dans les propriétés qui se manifestent dans la nature élémentaire du son à part celle de l'intonation, savoir : l'*intensité* et la *durée*. Sous ce double rapport, la succession des sons peut être *régulière* ou *irrégulière*, suivant que les sons successifs sont tous *également forts* ou *faibles*, tous *également longs* ou *brefs*.

Une succession de sons détermine une succession de mouvements. La succession des sons, comme aussi celle des mouvements, peut se rapporter à un seul et même son, et par suite à une seule et même touche : c'est là ce qui constitue la *répétition*, telle qu'elle réside dans des attaques réitérées sur la même touche. Mais la *succession*, dans son véritable sens, doit être conçue comme une suite de l'*un* après l'*autre*, c'est-à-dire où l'*un* succède à l'*autre*. C'est ainsi que par succession nous entendons ici des sons *différents* produits par plusieurs attaques sur des touches *différentes*.

Les mouvements du toucher doivent être en rapport avec les intentions particulières de sonorité, suivant que celle-ci doit être plus ou moins forte ou faible, longue ou brève. D'où il suit que la succession des mouvements peut, comme celle des sons, être *régulière* ou *irrégulière*, suivant que les sons correspondants sont *également* forts ou faibles, également longs ou brefs, comme aussi *alternativement* forts et faibles, ou longs et brefs.

C'est précisément ici, dans la succession des sons et des mouvements, que les contrastes de sonorité, tels qu'ils ont été expliqués plus haut, se manifesteront d'une manière sensible à l'oreille. L'élève devra y prêter toute son attention, et en faire une étude spéciale dans tous les modes du toucher.

1. — Intensité dans la succession des Sons.

101. — Dans une succession de sons quelconque le degré de leur intensité relative ne peut se mesurer que par comparaison, car, ainsi qu'on le sait, il n'existe point de mesure absolue pour déterminer d'une manière générale l'intensité des sons (74). Les degrés relatifs se déterminent donc proportionnellement d'après le rapport qui existe entre les extrêmes opposés de force et de faiblesse, tel qu'il résulte naturellement de l'emploi du *plus* ou du *moins* de force d'attaque, suivant l'individualité de l'exécutant et la propriété de l'instrument. Ainsi, ce n'est que dans les sons forts ou faibles *diversement* gradués, que le sentiment de l'exécutant trouve un terme de comparaison déterminé, pour pouvoir aussi distinguer et apprécier les degrés intermédiaires. De cette différence de degrés dans l'intensité de la succession des sons naissent les notions d'ombre et de lumière, de diminution et d'augmentation du son, d'accent et de contraste, qui forment la base normale de toutes les nuances d'accentuation musicale.

102. — D'après ce qui précède, il faut avant tout, relativement à l'intensité dans la succession des sons, prendre en considération particulière le *degré* de la force d'attaque, afin de le proportionner à l'effet voulu.

En conséquence, la mesure de la force d'attaque, suivant le degré de force ou de faiblesse de la succession des sons correspondants, sera naturellement *égale* ou *inégale*, c'est-à-dire *uniforme* et *alternative*, comme le degré d'intensité lui-même. L'exécutant a donc pour tâche ici de cultiver son sens pour l'emploi de la force de manière à sentir avec sûreté ces rapports réciproques d'égalité ou de gradation, afin de pouvoir proportionner ses moyens exactement à l'intention de l'effet voulu.

103. — L'expérience montrera que l'emploi de la force, en vue de l'intensité, est plus facile à gouverner et à graduer dans la succession des sons qui s'exécute au moyen de l'articulation du poignet ou du coude, que dans celle qui s'exécute au moyen des deux autres modes du toucher. La raison en est que, dans les deux premiers modes, l'activité du toucher s'exerce toujours dans une seule et même articulation, dont la force motrice demeure invariable, tandis que dans les deux autres, elle s'exerce toujours alternativement dans cinq articulations de force motrice différente. Cependant, si les mouvements de ces deux derniers modes du toucher sont exécutés dans les conditions mécaniques décrites plus haut (56), ils satisferont également à toutes les exigences d'intensité, aussi facilement et aussi sûrement que ceux des deux précédents modes.

2. — Durée dans la Succession des Sons.

104. — Dans la succession des sons, relativement à leur extension de durée, la propriété d'une sonorité longue ou brève ne se manifeste non-seulement par la durée relative des sons entre eux, mais aussi par la manière dont ils se succèdent, en tant qu'ils peuvent être *isolés* ou *reliés* entre eux. De là la distinction d'une succession *liée* et d'une succession *détachée*, dont la première

se désigne par le mot italien *legato*, et la deuxième par celui de *staccato*. Ces deux extrêmes renferment les deux degrés intermédiaires du *mezzo-legato* ou *non-legato* (moitié lié), et du *mezzo-staccato* ou *legato-staccato* (moitié détaché).

La propriété essentielle du *legato* consiste en ce que chaque son se lie si intimement au précédent et au suivant, qu'il n'y ait ni lacune ni superposition entre eux ; d'où il suit que chaque son doit rigoureusement remplir tout le temps de sa durée ; *ni plus, ni moins*.

Dans la *succession staccato*, au contraire, la propriété essentielle consiste en ce que, entre chaque son, il y ait un intervalle de silence aussi grand que le permet la vitesse de la succession ; d'où il suit que chaque son ne doit occuper que le temps strictement nécessaire pour se faire entendre nettement. — En résumé, les deux successions se distinguent et se caractérisent par la sonorité du moment III, qui est *longue* dans le *legato*, et *brève* dans le *staccato*.

105. — Ce qui doit particulièrement et avant tout fixer l'attention dans la succession des sons relativement à la durée, c'est le mode des mouvements du toucher, qui sera *uniforme* ou *alternatif*, suivant l'égalité ou l'inégalité de la durée relative des sons à produire. L'exécutant devra particulièrement exercer son sens pour les *transitions* d'un mode du toucher à l'autre (savoir : du *legato* au *staccato*, et réciproquement), afin que la différence caractéristique de chaque mode de sonorité ressorte toujours par un contraste frappant dans la succession.

La succession dans les mouvements au moyen de l'articulation du *coude* ou du *poignet* exige, ainsi qu'on le sait, un relèvement plus ou moins grand de toute la masse d'attaque entre deux sons consécutifs, ce qui établit nécessairement une certaine lacune entre eux ; car entre un moment II et le suivant, il existe toujours les moments intermédiaires III et I, quelque minime que soit leur durée relative. Par conséquent, le *legato* présente une certaine difficulté d'exécution au moyen de ces deux modes du toucher, et, rigoureusement parlant, sa réalisation existe plutôt dans l'*intention* que dans le *fait* ; car, quelle que soit l'adresse avec laquelle on exécute les mouvements mécaniques, on ne peut, sans une coopération quelconque des articulations de la main ou des doigts, éviter entièrement une certaine lacune (tant petite soit-elle) entre les sons consécutifs. Il est cependant à remarquer que ces deux modes du toucher, dans une sorte de *legato* lourd et traînant, répondent admirablement à certains effets de sonorité, tels qu'ils seraient irréalisables au moyen d'autres modes du toucher, et que ceux-ci, au contraire, s'emploient là, où les autres sont impraticables. C'est ainsi qu'un *legato* d'une grande sonorité convient parfaitement, comme capacité propre, au toucher au moyen de l'articulation du coude et du poignet ; cependant, dans une aussi puissante succession legato, la vitesse absolue s'exclut d'autant plus, que d'ordinaire elle se relie aussi avec une combinaison d'attaques simultanées.

106. — La condition mécanique du relèvement de la masse d'attaque dans la succession au moyen de l'articulation du coude et du poignet rend ces deux modes du toucher très-favorables à la succession *staccato* ; car, pour la réaliser, il faut précisément quitter la touche (en relevant la masse d'attaque) entre chaque son, ce qui établit naturellement les lacunes voulues dans la succession staccato. Cependant une certaine vitesse nécessaire dans la succession des mouvements mécaniques pourrait quelquefois présenter quelque difficulté d'exécution ; mais,

comme par leur nature, ces deux modes du toucher sont plus particulièrement employés dans un *staccato* plus ou moins puissant, ils excluent naturellement une vitesse relative trop grande. Dans ce cas, les autres modes du toucher en tiennent lieu.

107. — Les touchers au moyen des articulations de la *main* et des *doigts* sont également propres pour le *legato* comme pour le *staccato;* car ici, contrairement aux autres modes du toucher, les mouvements mécaniques s'exécutent toujours simultanément dans plusieurs articulations différentes, ce qui permet de réaliser la préparation d'un doigt pendant l'attaque du précédent.

Dans la succession *legato*, l'attaque de chaque doigt suivant s'exécute pendant que le précédent doigt se relève et passe du repos à une nouvelle préparation, de telle sorte que les attaques semblent se résoudre l'une dans l'autre dans une suite non interrompue. En un mot, les trois moments de chacun des deux doigts consécutifs s'enlacent tellement que le moment II de l'un subsiste en quelque sorte en même temps que le moment I de l'autre, d'où semble résulter une suite continue de moments II, dans laquelle les moments I — III, subsistant simultanément avec le moment II, n'exercent aucune espèce d'influence sur la succession des sons, ainsi qu'on pourra le voir dans la figure suivante :

SUCCESSION LEGATO

Enchevêtrement des Moments.

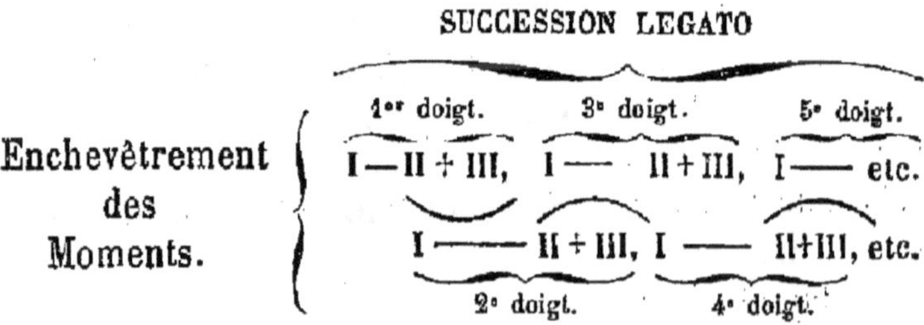

Ici, l'élève devra veiller à ce que les mouvements découlent l'un de l'autre et se relient entre eux, comme la succession des sons qui en résulte: exactement dans le même moment, où un doigt quitte sa touche, le suivant doit aussi attaquer la sienne, et de la rencontre de ces deux actes opposés dans un seul et même moment résulte la succession legato.

108. — Dans la *succession staccato* au moyen des articulations de la *main* et des *doigts*, il faut au contraire, que chaque nouvelle attaque tombe dans le moment même, où le doigt précédent a déjà quitté sa touche (103), d'où résulte une lacune plus ou moins grande entre les sons, suivant la vitesse de la succession des mouvements. Ici, comme précédemment, les moments II et I subsistent en même temps entre deux doigts consécutifs, mais la succession est néanmoins interrompue par le moment III, qui, comme repos *négatif* au-dessus de la touche, se confond avec et dans le nouveau moment I (90). Dans cette succession, les trois moments de deux doigts consécutifs s'entrelacent de telle sorte que le moment II de l'un subsiste pendant les moments $\widehat{III+I}$ de l'autre, d'où résulte une suite continue de moments II, dans laquelle les moments $\widehat{III+I}$, confondus en un seul par la négation du repos, établissent une lacune plus ou moins grande dans la succession des sons, ainsi qu'on pourra le voir dans la figure suivante :

SUCCESSION STACCATO.

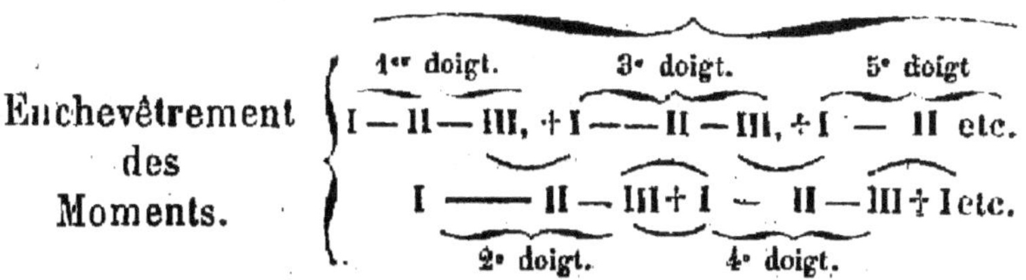

Si ces deux modes du toucher, relativement à leur capacité naturelle, ne comportent qu'une attaque de moyenne force, ils sont très-propres à une grande vitesse dans la succession staccato. La rapidité des mouvements d'attaque (dans le temps) peut être telle que les moments I — II — III des doigts consécutifs semblent n'en faire qu'un, et que, par conséquent, chaque doigt paraisse être dans un continuel mouvement ascendant et descendant. Par suite de son mode particulier d'exécution, le toucher au moyen de l'articulation des doigts est naturellement propre à la plus rapide succession staccato. — D'après ce qui précède, il sera facile de déterminer le mode d'exécution pour les degrés intermédiaires du *mezzo-legato* et du *mezzo-staccato*, ainsi que les conditions naturelles pour la durée relative des sons dans les diverses gradations du staccato.

3. — Sonorité simple et combinée dans la Succession combinée.

109. — Ce que nous venons de dire au sujet de chaque mode particulier de sonorité simple et combinée, nous dispense d'entrer dans de nouveaux détails ici. Chacun pourra lui-même, suivant le mode de la succession combinée des sons, en déduire la combinaison des mouvements mécaniques correspondants. Il suffit de savoir exactement ce qui est à faire et quels sont les moyens à employer, pour pouvoir résoudre tous les cas particuliers. Il faut partout un sentiment fin et sûr, afin de pouvoir diriger et répartir les forces, là, où doivent s'effectuer les modifications dans le mode des mouvements mécaniques ; mais il faut aussi savoir les maintenir dans un état fixe et invariable, là, où la combinaison de la succession exige un mode uniforme et invariable dans la succession des mouvements du toucher.

4. — Emploi de la Pédale dans la Succession des Sons.

110. — En traitant du mécanisme de l'instrument, nous avons déjà fait connaître la nature de la pédale et les propriétés de son effet (26). Il en résulte que la pédale remplit un double rôle dans la succession des sons, savoir : celui de prolonger et d'augmenter la vibration d'un ou plusieurs sons, de manière à ce qu'ils résonnent simultanément les uns *avec* et *dans* les autres, — et celui de prolonger la vibration d'un ou plusieurs sons à un ou plusieurs autres, de manière à les *lier* l'un à l'autre, là, où une semblable liaison ne peut se réaliser par l'activité des doigts.

De là se déduit naturellement le véritable principe pour l'emploi de la pédale : la *nécessité* en est la condition première. Celle-ci existe partout où les derniers doigts en activité doivent quitter leurs touches respectives, pour réaliser dans une autre région du clavier de nouvelles attaques successives, dont les sons doivent être reliés à ceux des touches déjà quittées. Dans ce cas, on ne doit quitter les dernières touches, que lorsque la pédale a déjà relevé les étouffoirs ; pendant que ceux-ci laissent vibrer librement les cordes, les mains et les doigts se rendent au-dessus des nouvelles touches suivantes, et avec l'attaque de celles-ci le pied laisse remonter la pédale, à moins d'une indication contraire. Ainsi, dans la succession des sons, la pédale a pour mission de produire une prolongation de son, partout où elle devient *nécessaire*, et partant irréalisable par la seule activité des doigts.

111. — Dans l'emploi de la pédale, il faut surtout veiller à ce que l'attaque des doigts et la mise de la pédale ne tombent jamais dans un *seul* moment, parce

qu'il en résulte un mauvais effet. La raison en est, qu'au moment de l'attaque des touches, les cordes doivent être entourées d'une couche d'air calme et tranquille, et que par l'enlèvement simultané de tous les étouffoirs à la fois cette couche d'air se trouve troublée dans son repos, ce qui produit une sonorité quelque peu confuse, surtout dans une succession d'accords fortement attaqués. Voilà pourquoi, il vaut mieux que l'attaque des touches précède la mise de la pédale, afin que la véritable sonorité se produise pendant le repos des étouffoirs, mais que l'enlèvement immédiat de ceux-ci vienne en prolonger la résonnance. Par la même raison, il est également convenable de ne réaliser l'attaque des touches qu'après la mise préalable de la pédale, parce qu'alors les cordes se trouvent déjà dans les conditions atmosphériques précitées. Ainsi, dans tous les cas possibles, l'attaque des touches et la mise de la pédale ne doivent jamais tomber dans un seul et même moment.

Pour avoir une idée claire du rapport qui existe entre la double activité réunie de la main et du pied, il faut y appliquer les mêmes règles qui régissent la succession des trois moments entre les attaques *legato* de deux doigts successifs. Le point principal à observer, c'est qu'avec l'attaque de la main le pied soit *levé*, mais qu'il s'*abaisse* immédiatement, avant le relèvement de la main; de telle sorte que le pied trouve son moment de *repos* sur la pédale entre le mouvement *descendant* et le mouvement *ascendant* (mais non entre les deux *renversés*), et c'est précisément dans le moment *ascendant* du pied que s'exécute toujours la nouvelle attaque de la main, à laquelle succède de suite le mouvement *descendant* et le *repos* du pied, et ainsi de suite.

112. — Pour résumer tout ce qui concerne l'activité réunie de la main et du pied, disons que les trois moments

de leurs mouvements sont respectivement les mêmes, mais que, dans leur exécution simultanée, ils se croisent de telle sorte que le moment I du pied tombe avec le moment II de la main, et ainsi de suite, ce qui donne la formule suivante :

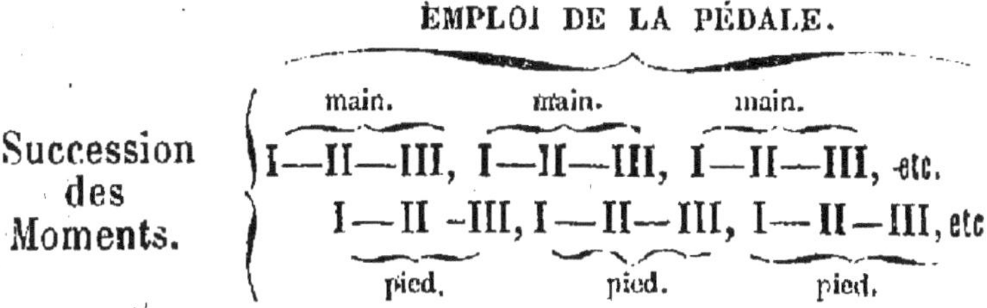

Il est à remarquer ici, comment l'attaque de la main tombe toujours dans le moment ascendant du pied, et comment l'attaque du pied tombe dans le moment du repos de la main, immédiatement après l'attaque de celle-ci.

Plus tard, on trouvera dans la musique pratique des exemples sensibles des cas, où l'emploi de la pédale devient absolument nécessaire pour la succession legato des sons. En attendant l'élève devra toujours se rappeler que cette nécessité existe partout, où la prolongation et la liaison des sons devient impossible par la seule activité des doigts. Quant à l'emploi de la pédale pour des effets de luxe et de fantaisie, de sonorité puissante, etc., il ne peut y avoir d'autres règles que celles de l'harmonie (en première ligne), du goût et du bon sens de l'exécutant. Au surplus, avec du temps et un exercice intelligent, l'habileté technique dans l'emploi de la pédale se développe et se forme de la même manière que les différents modes du toucher : à un moment donné, le pied arrive, comme les organes du toucher, à agir en quelque sorte instinctivement, partout où il le faut, pour produire un bon effet.

Appendice. — Il existe, ainsi qu'il a été dit (27), une autre pédale au moyen de laquelle tout le mécanisme des marteaux se déplace, de telle sorte que chaque marteau ne peut plus frapper que sur une *seule* des trois cordes d'un même son. Voilà pourquoi l'emploi de cette pédale s'indique par les mots italiens *una corda* (une corde), et le retour à l'état normal par *tutte corde* (toutes les cordes) ou *tre corde* (trois cordes). Ce n'est que lorsqu'il s'agit de produire une sonorité particulière, que l'on emploie cette pédale, là, où l'exige l'indication relative. Quelquefois, pour réaliser un effet de sonorité aérienne, éthérée, on emploie les deux pédales réunies, ce qui s'indique par l'expression *due pedali* (deux pédales) ou par son abréviation *2 ped.* — Remarquons, en terminant, que l'*una corda* n'est contraire à aucune loi de l'harmonie, et que, par conséquent, toute succession des sons supporte l'emploi de cette pédale.

CHAPITRE VIII.

INFLUENCE DU CLAVIER SUR LES MOUVEMENTS DU TOUCHER.

Considérations préliminaires.

113. — Le *clavier*, comme terrain des mouvements du toucher, doit être envisagé sous le double point de vue de sa *longueur* et de sa *surface*, c'est-à-dire au point de vue de la *multiplicité* de ses touches et de la

différence de leurs rapports particuliers d'élévation et d'abaissement. Toutes deux, la longueur comme la surface, exercent une influence essentiellement déterminante sur le toucher et, par conséquent, sur les mouvements des mains et des doigts. La longueur détermine le *déplacement* et l'*écartement* des doigts, comme aussi l'*extension* et la *progression* de la main à droite et à gauche ; la surface, au contraire, détermine une différence dans l'*élévation* et l'*abaissement*, comme dans l'*allongement* et le *raccourcissement* des doigts, ainsi qu'un mouvement *en avant* ou *en arrière* dans la main. Là, où la main se déplace, elle emmène les doigts ; mais là, où les doigts se déplacent, ils emmènent la main. La progression de la main peut s'étendre au loin, tandis que les mouvements des doigts sont limités à un espace restreint. Tous ces mouvements, la progression de la main à droite ou à gauche, comme aussi les mouvements particuliers des doigts, en montant ou en descendant, en avant ou en arrière, peuvent subsister simultanément dans le toucher.

114. — Les rapports de *surface*, tels qu'ils subsistent localement entre les touches blanches et les noires, sont d'une nature complexe, dont les conditions physiques ont déjà été déterminées plus haut (1-2). En ce qui concerne les positions particulières des doigts, qui résultent de ces rapports de surface, elles ne peuvent trouver une explication complète que dans des exercices spéciaux d'une forme tonale particulière dont les touches correspondantes renferment précisément ces rapports.

Les rapports de *longueur*, considérés en eux-mêmes, sont d'une nature simple, puisqu'ils ne portent que sur des directions et des mouvements libres et semblables, et que, par conséquent, ils n'exercent qu'une influence générale sur le mécanisme de l'activité du toucher.

Ainsi, les deux mains cultivées de l'exécutant sont donc les moyens immédiats pour parcourir le clavier dans toute son étendue et le dominer, suivant les règles de l'art et du goût, dans toute sa capacité de sonorité. C'est là le but et la tâche du futur pianiste.

1. — Rapport de Surface.

115. — La position respective des touches blanches et des noires entre elles, relativement aux mains et aux doigts, détermine naturellement les conditions mécaniques des mouvements du toucher. Avant tout, il faut prendre en considération les rapports de *longueur* et d'*élévation* des touches *noires* comparativement avec ceux de la longueur des doigts. — La pointe des doigts 2, 3, 4 étant placée tout près des touches noires, il ne leur sera pas difficile d'atteindre celles-ci à l'aide d'un léger avancement des phalanges antérieures et d'un simple *laisser-aller* dans la main ou de l'avant-bras, suivant le mode du toucher. La pointe de ces doigts ne doit s'avancer sur les touches noires, qu'autant qu'il est nécessaire pour leur y assurer une position solide, ce qui les place environ à 1 centimètre du bord antérieur de la touche. De cette manière, la direction de la phalange antérieure des doigts 2, 3, 4 sera quelque peu oblique en forme de toit, pourtant sans que l'articulation antérieure ne puisse se plier en dedans.

En ce qui concerne les doigts extrêmes 1-5, leur emploi sur les touches noires, dont ils sont plus éloignés, exige un certain changement dans la position de la main. Par suite de sa position locale, le petit doigt se placera toujours assez facilement sur les touches noires ; mais le pouce, étant plus court et plus reculé, nécessitera toujours un plus grand *laisser-aller* dans la main, ainsi qu'un petit avancement des doigts intermédiaires dans les touches noires. Lorsque les deux doigts extrêmes 1-5 occupent chacun une touche noire, les doigts intermédiaires 2, 3, 4 doivent conserver entre leurs pointes les mêmes rapports que dans la position ordinaire, à la différence près qu'ils sont plus rapprochés du fond du clavier, soit *sur* ou *entre* les touches noires. Quant aux mouvements de circonvolution de la main, ils ne doivent s'exécuter que par les conversions nécessaires de l'articulation du poignet et des doigts.

116. — L'étroite surface des touches noires exige une double précaution pour l'exacte direction de la phalange antérieure des doigts 2, 3, 4, ainsi que pour l'observation de la ligne verticale des mouvements d'attaque : la précision et la sûreté du toucher en dépendent. — La *hauteur* des touches noires exige non-seulement une plus grande élévation de la pointe des doigts, mais elle nécessite aussi une culture particulière des doigts 1 et 4. En effet, par suite de sa position basse et reculée, le pouce a de la peine à se poser sur les touches noires ; mais la précision et la sûreté du toucher exigent une élévation complète du pouce au-dessus des touches noires, afin de pouvoir réaliser une attaque. En ce qui concerne le doigt 4, il a encore bien plus de peine à s'élever à la hauteur voulue, surtout lorsque les doigts 3 et 5 sont fixés sur les touches blanches environnantes, et ce n'est que par le concours bénévole des autres doigts qu'il pourra atteindre la hauteur du point d'attaque. D'où il suit que le doigt 4 doit être exercé tout particulièrement dans les mouvements ascendants et descendants sur les touches noires, et que là où les circonstances le permettent, les doigts voisins doivent se prêter passivement à l'activité du doigt 4.

Il arrive aussi que les deux doigts extrêmes 1-5 occupent des touches noires, pendant que les doigts intermédiaires 2, 3, 4 jouent sur les touches blanches renfermées entre les noires. Dans ce cas, l'attaque devient plus difficile par suite du peu de largeur des touches, et il faut avoir grand soin de bien approprier la direction des mouvements, pour ne pas attaquer en même temps les touches noires avoisinantes.

De tout ce qui précède, nous pouvons conclure que l'élève doit s'exercer dans toutes les positions locales du clavier, et particulièrement dans celles où les doigts extrêmes occupent des touches noires et les doigts intermédiaires des touches noires et blanches mélangées, en ayant soin de laisser l'articulation du poignet dans un état constant de souplesse qui permette à la main et aux doigts de céder bénévolement à toutes les exigences des mouvements du toucher.

2. — Rapports de Longueur.

117. — Après avoir examiné les rapports intérieurs de la surface du clavier, il nous reste à en faire autant pour ceux de longueur, suivant son extension extérieure. Le clavier, dans la longue suite de ses touches, est considéré comme la *surface*, le terrain que les deux mains de l'exécutant ont à parcourir dans toute son étendue. Dans ce but, les mains, avec le petit nombre de leurs doigts, doivent être en état de dominer cette étendue et de la parcourir de chaque point à chacun des autres : les *transformations* et *changements* de position et la *progression* en sont les moyens mécaniques. Suivant l'emploi de ces moyens, la main peut se trouver dans une position *reposant* en elle-même, ou se *mouvant* en elle-même, ou *progressant* hors d'elle-même, et dont les diverses formes se distinguent par un moment caractéristique. C'est ainsi que l'on y distingue les deux extrêmes opposés : l'*immobilité* et la *progression*, comme

aussi leur moyen terme, la *transition* de l'une à l'autre. Ces différences dans la position de la main déterminent naturellement aussi une différence dans la succession des doigts, — et de la nécessité de déterminer d'une manière fixe l'emploi d'un doigt particulier pour chaque touche particulière, résulte également l'*art du doigté*, tel qu'il repose sur des règles qui naissent des propriétés naturelles et réciproques des mains et des doigts, ainsi que des rapports de surface et de longueur du clavier.

3. — Position de la Main et ses différents États.

118. — L'espace qu'occupe la position d'une main, ainsi que la manière dont cela se fait, se détermine en général d'après la série des touches blanches, comme étant l'expression sensible d'un ensemble de rapports parfaitement égaux ; les touches noires, comme étant renfermées dans les précédentes, n'y ont qu'une signification secondaire.

La main entière avec ses cinq doigts est considérée comme un corps qui, en vue de l'emplacement qu'il occupe dans l'étendue du clavier, peut se concevoir sous trois aspects différents, savoir : à l'*état normal*, à l'*état de contraction* ou de *rétrécissement*, et à l'*état d'extension ou d'élargissement*. Chacun de ces états se traduit par une position, une tenue, une pose et une forme particulières du corps, de la main et des doigts. C'est ainsi qu'à l'*état normal* la main se trouve dans la position ordinaire, pendant que les doigts conservent leur écartement naturel ; à l'*état de contraction*, la main sera plus arrondie et les doigts seront plus serrés, tandis qu'à l'*état d'extension*, la main sera au contraire plus plate, en même temps que les doigts seront plus écartés. En ce qui concerne les touches renfermées dans les limites de la position d'une main, elles peuvent être attaquées *simultanément* ou *successivement*.

119. — Les cinq doigts d'une main occupant l'espace de cinq touches blanches consécutives, y compris les noires, forment l'emplacement d'une *position normale*, telle qu'elle résulte plastiquement de cette position de la main et des doigts, que nous avons reconnue précédemment comme fondamentale. Les doigts extrêmes 1-5 marquent l'*étendue* de la position, dont ils forment les limites.

Les mouvements dans l'*intérieur* d'une position normale invariable ne peuvent réellement comprendre que la direction verticale *ascendante* et *descendante*, la direction oblique *en avant* et *en arrière*, ou bien la *combinaison* des deux directions réunies. Le mode d'exécution de ces mouvements est précisément celui qui a déjà été exposé théoriquement pour tous les modes du toucher.

120. — Tous ces mouvements ne peuvent se concevoir que dans le sens exclusif d'une position fixe et invariable, *reposant en elle-même*, parce qu'ils exigent que chaque doigt joue toujours sur la même touche. Mais, si dans l'intérieur d'une position fixe, on déplace les doigts sur d'autres touches, il en résulte naturellement des *mouvements latéraux* qui se croisent alors avec les précédents et annulent par là le repos de la position. Ce déplacement peut influer de deux manières essentiellement différentes sur l'état de la position. Là, où il ne se fait que dans l'intérieur des limites fixes, il produit une position *se mouvant en elle-même* : les précédents rapports entre les doigts et les touches se modifient, sans toutefois altérer sensiblement la forme et l'espace de la position. Là, au contraire, où le déplacement des doigts s'étend *en dehors* des limites fixes, il produit par les mouvements latéraux une position *se mouvant hors d'elle-même*.

Les moyens qui opèrent un déplacement de doigts dans l'intérieur d'une position limitée, doivent être les mêmes que ceux qui, dans un sens plus étendu, opèrent aussi un changement de position, avec la différence que les premiers ne pourront être que d'une forme restreinte, tandis que les seconds, dépassant les limites, pourront s'étendre au loin. Toutes ces formes de mouvements latéraux vont être l'objet d'une description théorique dans le développement successif du système.

CHAPITRE IX.

DÉPLACEMENT DE DOIGTS OU TRANSFORMATION DE POSITION.

Considérations préliminaires.

121. — Le *rétrécissement* ou l'*élargissement* de l'espace qu'occupe la main sur le clavier amène une transformation de position ; mais celle-ci ne peut se produire que par le déplacement des doigts extrêmes 1-5 *au dedans* ou *au dehors* des limites normales. Lorsque les doigts se rapprochent, la position se rétrécit, et lorsqu'ils s'écartent, elle s'élargit, et réciproquement ; ceci peut avoir lieu soit partout, soit par endroits, dans des rapports égaux ou inégaux. D'où il suit que les moyens de transformation de position reposent essentiellement sur la *contraction* et l'*extension* des doigts extrêmes 1-5 (et par suite, aussi de la main), c'est-à-dire sur des *mouvements latéraux* qui se combinent avec ceux de l'activité du toucher.

122. — Par suite de la similitude du but qui leur donne naissance, les moyens de transformation de position sont en partie semblables et parents entre eux, mais en partie aussi, chaque moyen se *caractérise* par un moment *distinctif* de son mode d'exécution. Le mouvement *latéral* est le but commun, le côté essentiel de tous les moyens de transformation de position ; mais la *forme particulière* de ce mouvement en est le moment caractéristique et distinctif : le *quoi* repose donc sur la forme générale et le *comment* sur la forme particulière de chaque moyen particulier. De là la distinction des moyens de transformation de position en *moyens généraux* et en *moyens particuliers :* les premiers peuvent, suivant les circonstances et le mode d'exécution, produire un rétrécissement aussi bien qu'un élargissement de la position, tandis que les seconds, au contraire, ne peuvent en toute circonstance jamais produire que l'un des deux, ainsi qu'il sera montré plus loin.

123. — En ce qui concerne la description théorique des différents moyens de transformation de position, nous emploierons les termes techniques relatifs, tels qu'ils naissent naturellement du moment caractéristique de leur mode d'exécution, et tels qu'ils nous paraissent au moins nécessaires pour l'intelligence d'une distinction claire et précise. — C'est ainsi que nous aurons pour les moyens généraux la nomenclature suivante : 1° le *déplacement latéral*, 2° le *glissando latéral*, 3° le *changement de doigts*, 4° la *substitution des doigts ;* et pour les moyens particuliers, celle-ci : 1° la *contraction* de la main et des doigts, 2° la *transposition inférieure*, 3° l'*extension* de la main et des doigts, 4° enfin, la *transposition supérieure*. — Remarquons, relativement aux moyens particuliers, que les deux premiers s'appliquent *exclusivement* au rétrécissement de la position, tandis

que les deux derniers produisent toujours un élargissement de position.

1. — Moyens généraux de Transformation de position.

124. — Les moyens généraux se caractérisent comme tels, par la raison qu'ils reposent sur des mouvements pouvant se diriger des deux côtés, et que par là ils laissent une certaine liberté aux autres doigts, ainsi qu'à toute la main. Cela dit, voici l'exposé théorique du mode d'exécution de chacun de ces moyens de transformation de position.

1° Le *déplacement latéral* consiste dans le passage d'un seul et même doigt d'une touche à une autre au moyen d'une élévation dissimulée par la voie de la succession legato. Chacun des doigts peut ainsi se déplacer d'une touche quelconque à toute autre, qui est assez rapprochée de la précédente pour laisser subsister la succession legato entre les deux ; d'où il suit que le véritable déplacement latéral se fera toujours le plus purement et le plus facilement entre deux touches consécutives, soit noires ou blanches.

Par suite de sa conformation naturelle et de sa position locale, le pouce est particulièrement propre à ce déplacement latéral, parce qu'il est en état de se plier en dedans ou en dehors, tout en demeurant sur sa pointe, et de se rapprocher ainsi, en manière de préparation, de sa touche voisine de gauche ou de droite, pour s'y glisser en quelque sorte insensiblement. Une semblable préparation est impossible aux autres doigts, parce qu'ils reposent sur leur pointe, et c'est pour cela qu'un déplacement bien lié leur devient plus difficile, surtout sur deux touches noires consécutives.

Le *mouvement* du déplacement latéral est entièrement soumis aux exigences de la succession legato : la touche abaissée ne doit être quittée que dans le moment même où la suivante est attaquée, de manière à ce que la succession des sons semble être le résultat de deux doigts préparés à cet effet. Par conséquent, le moment du passage d'une touche à l'autre doit, autant que possible, être imperceptible, condition que l'on ne pourra remplir qu'avec une grande habileté acquise par un exercice assidu.

2° Le *glissando latéral* existe là, où un même doigt lie deux sons de deux touches consécutives, à la fois par la *pression* et la *traction* de la main, ce qui fait glisser la pointe du doigt sur la surface des touches. Voilà pourquoi ce moyen d'exécution ne peut s'employer que dans une série de touches consécutives.

Le *mouvement* du glissando latéral exige une légère inclinaison de la main vers le côté correspondant, même déjà avant la traction de la main, de manière à ce que la pointe du doigt glisse moitié par son propre mouvement et moitié par la traction de la main. Par là la pointe du doigt exécutera en quelque sorte l'abandon de la première touche et l'attaque de la suivante dans un seul et même moment, ainsi que le veut la succession legato.

Là, où le glissando se fait sur deux touches blanches consécutives, les doigts 2, 3, 4, 5 devront se retourner obliquement jusque sur l'ongle, qui glisse plus facilement sur les touches que la partie grasse de la pointe. Quant au pouce, il devra, en allant vers le petit doigt, se plier *en dehors*, de telle sorte que son tranchant vienne à se trouver presqu'en travers des touches ; mais si le mouvement se fait dans le sens opposé, il devra se plier *en dedans*, de telle sorte qu'il vienne à glisser avec l'ongle sur la surface des touches.

Là, où le glissando se fait d'une touche noire à une

touche blanche, les doigts 2, 3, 4, 5 exécutent le mouvement en retirant quelque peu les deux premières phalanges, ce qui leur sera d'autant plus facile que cette direction correspond à la nature du glissando. — Au surplus, quelle que soit la position de la main sur le clavier, ce moyen d'exécution exige toujours une grande souplesse dans l'articulation du poignet et un certain *laisser-aller* dans toute la main.

3° Le *changement de doigts* consiste à répéter successivement l'attaque d'une seule et même touche au moyen de *plusieurs* doigts différents. En ce qui concerne la *succession* des différents doigts qui répètent l'attaque d'une même touche, elle est arbitraire et facultative, c'est-à-dire que, suivant les circonstances, les doigts peuvent se succéder dans un ordre ou un nombre quelconque sur une même touche. Mais de la nécessité de laisser remonter la touche avant chaque nouvelle attaque, il résulte aussi celle de relever ou de retirer le précédent doigt avant l'attaque du suivant, ce qui exclut naturellement la succession d'un *legato* absolu. C'est à l'exécutant qu'il appartient de dissimuler ce vide, autant que possible, par la plus étroite succession des moments I et II, afin d'en atténuer l'effet.

Le *mouvement* dans l'exécution du changement de doigts peut, suivant les circonstances, participer de chaque mode du toucher. C'est ainsi que le toucher au moyen de l'articulation du coude ou du poignet convient à une sonorité forte dans un mouvement tranquille, et le toucher au moyen de l'articulation de la main ou des doigts, à une sonorité moyenne dans un mouvement rapide. — Dans l'un et l'autre cas, la direction des mouvements ascendants et descendants est toujours un peu oblique, afin que chaque doigt trouve toujours l'espace libre pour son attaque. Dans ce but, il faut ramener la pointe des doigts vers l'intérieur de la main, ce qui donnera à celle-ci une forme quelque peu arrondie et une légère inclinaison vers le côté du petit doigt, de manière à ce que la partie du doigt 2 en devienne le point culminant. Remarquons que, par suite de cette inclinaison naturelle et nécessaire de la main, le changement des doigts 1, 2, 3, 4 est plus facile dans la succession rapide 4-3-2-1 que dans la succession contraire 1-2-3-4. Il en est de même pour toute autre combinaison dans les changements de doigts.

4° La *substitution des doigts* consiste à remplacer un doigt par un autre sur une touche abaissée, pendant le moment du repos du premier, qui se relève ensuite. Ce moyen d'exécution est proche parent avec le précédent, en ce sens que tous deux emploient des doigts différents sur une même touche ; ce qui les distingue, c'est que dans le premier il y a autant d'attaques que de doigts, tandis qu'ici il n'y a qu'une attaque dans l'emploi de plusieurs doigts sur la même touche. La substitution des doigts se fait donc d'une manière *muette*, sans sonorité. Ici, comme dans le changement, la succession des doigts est libre et facultative, quant à l'ordre et au nombre.

Le *mouvement* de la substitution doit s'exécuter d'une manière discrète, inaperçue, en quelque sorte muette, et le plus rapidement possible. Suivant les circonstances, le doigt qui se substitue au précédent, peut se placer à *côté* de celui-ci, ou *devant* ou *sous* lui : ils auront toujours à s'accommoder l'un à l'autre. — Une particularité propre à ce moyen d'exécution, c'est qu'il n'appartient à aucun mode du toucher ni de la sonorité, par la raison qu'il ne réalise ni l'un ni l'autre.

2. — Moyens particuliers de Transformation de position.

A. — POUR LE RÉTRÉCISSEMENT.

125. — Les moyens particuliers pour le rétrécissement de la position se caractérisent comme tels, parce qu'en aucune circonstance ils ne peuvent produire un élargissement, à moins qu'ils ne soient combinés d'un autre côté avec des moyens d'élargissement.

Le rétrécissement d'une position se produit par la contraction et le rapprochement des doigts dans l'intérieur d'une position normale, c'est-à-dire dans les limites de moins de *cinq touches blanches* consécutives. Ce rétrécissement peut s'obtenir de deux manières différentes, savoir : par la contraction des doigts qui se fait d'un *seul* côté, et celle qui se fait des *deux* côtés à la fois.

1° La *contraction des doigts* se fait d'un seul côté, lorsque l'*un* des doigts extrêmes 1-5 se place dans l'intérieur des limites normales, pendant que l'extrême opposé demeure en place ; elle se fait des deux côtés, lorsque les deux doigts extrêmes 1-5 entrent simultanément dans l'intérieur de la position normale.

Le *mouvement* de la contraction des doigts peut, suivant les différentes circonstances, s'exécuter au moyen du déplacement, du glissando ou de la substitution, selon la manière décrite. Dans une position étroite, le rapprochement des doigts peut devenir une cause de difficulté dans l'exécution des mouvements du toucher ; voilà pourquoi il faut une grande précision dans la direction des mouvements ascendants et descendants des doigts, ainsi qu'une grande souplesse dans la main, là, où le frottement des doigts pourrait s'opposer à la liberté des mouvements. Dans une position très-étroite, où les doigts extrêmes ne renferment que l'espace de *trois* ou même *deux* largeurs de touche, la main se contracte et se bombe tellement, que les mouvements des doigts ne peuvent plus s'exécuter que par les conversions souples, mais discrètes de la main dans l'articulation du poignet.

2° La *transposition inférieure* des doigts est un véritable moyen de rétrécissement de la position, parce qu'elle se réalise toujours dans l'intérieur de la position, ainsi que le montrent la raison et le sens pratique. En effet, la transposition inférieure des doigts *en dehors* des limites normales ne pourrait se pratiquer que sous l'un des doigts extrêmes, mais dans ce cas, pour sortir de la position, la voie *par-dessus* les doigts extrêmes sera toujours préférable.

Dans la transposition inférieure des doigts 2, 3, 4 entre eux, il faut avant tout prendre en considération le rapport réciproque de leur longueur. C'est ainsi que le doigt 3, comme étant plus long que ses voisins 2 et 4, se transposera plus difficilement *sous* ceux-ci, que ceux-ci *sous* lui ; de là la nécessité d'une certaine élasticité dans toute la main et surtout dans les doigts non actifs.

La *direction* et la *distance* de la transposition inférieure exercent une influence déterminante sur la facilité d'exécution : plus la touche du doigt transposé est rapprochée, plus l'attaque en est facile, et plus elle est éloignée, plus l'exécution en est difficile, et cela pour chaque doigt, suivant sa position et sa direction particulières, surtout pour les doigts 2, 3, 4.

La transposition inférieure repose essentiellement sur le mouvement de la contraction de la main et des doigts, et là, où elle a lieu, elle exige toujours un doigt déjà *fixé* sur une touche, savoir celui-là même, *sous* lequel un *autre doigt* disponible doit être transposé sur une autre touche libre. Par conséquent, la transposition inférieure se caractérise véritablement comme un déplacement de doigts par voie inférieure, ainsi que cela peut avoir lieu sur une distance plus ou moins grande.

Le *mouvement* mécanique de la transposition inférieure exige de la flexibilité et de la souplesse dans les doigts et dans la main, ainsi qu'une certaine élasticité dans toutes les parties avoisinantes, notamment dans l'articulation du poignet, afin que la transposition puisse s'opérer librement et sans secousse. Le mouvement doit s'exécuter rapidement, mais tranquillement par le chemin le plus court, en rasant la surface des touches, de manière à ce que le doigt transposé ne rencontre nulle part le moindre obstacle. — Les transpositions du pouce sous les doigts 2, 3, 4, 5 se présenteront comme assez faciles d'exécution ; tandis que celles de ces mêmes doigts entre eux paraîtront beaucoup plus difficiles et souvent même impossibles. C'est la tâche de l'élève de se rompre à toutes les difficultés de cet important moyen d'exécution.

B. — POUR L'ÉLARGISSEMENT.

126. — Les moyens particuliers pour l'élargissement de la position se caractérisent comme tels, parce qu'ils sont absolument incapables de produire un rétrécissement, à moins qu'ils ne soient employés simultanément avec des moyens opposés.

L'élargissement d'une position s'obtient par l'extension et l'écartement des doigts au-delà des limites normales de *cinq* touches blanches consécutives, ce qui peut se faire d'un *seul* côté ou des *deux* à la fois. Suivant la mesure de l'écartement des doigts relativement à l'extension de la main, on distinguera une position *plus* ou *moins* grande ou large comparativement à la position normale.

1° L'*extension des doigts* se fait d'un seul côté, lorsqu un *seul* des deux doigts extrêmes sort des limites normales de cinq touches consécutives, pendant que l'autre demeure en place ; mais elle se fait des deux côtés, lorsque les *deux* doigts extrêmes sortent à la fois de cette limite. Dans l'un et l'autre cas, l'écartement des doigts peut avoir lieu entre une *partie* ou la *totalité* de ceux d'une main.

Le *plus* ou le *moins* dans l'écartement des doigts tient à la conformation naturelle d'une main et à la flexibilité de ses doigts. C'est ainsi que l'écart d'*une* touche intermédiaire sera généralement facile entre tous les doigts d'une main ; celui de *deux* touches intermédiaires devient déjà plus difficile pour les mains moyennes entre les doigts 2—3, 3—4, 4—5, tandis qu'il est facile pour toutes les mains entre les doigts 1—2 ; enfin l'écart de *trois* touches intermédiaires est encore plus difficile pour la plupart des mains, excepté entre les doigts 1—2, qui se prêtent encore assez facilement à cet écart.

Les *mouvements* des doigts écartés deviennent difficiles dans la succession legato, parce que le jeu des muscles est entravé dans sa direction ascendante par la traction latérale de l'écartement des doigts ; en outre, cette difficulté est encore sensiblement augmentée par les rapports de surface et de longueur du clavier, surtout pour la succession legato entre les doigts 3—4 et 4—5 sur des touches noires. Voilà pourquoi, pour pouvoir réaliser dans ces conditions une certaine force d'attaque, il sera toujours convenable d'exécuter le legato à l'aide du toucher combiné au moyen des articulations de la main et des doigts.

2° L'*extension de la main* provient d'un élargissement encore plus grand de la position, et cela pour des mains ordinaires, lorsque l'écartement des doigts est tel, que les extrêmes 1—5 ne puissent embrasser un plus grand nombre de touches intermédiaires. Dans cette position de la main, le doigt 3 pourra *seul* conserver sa direction droite, pendant que les autres s'en écarteront de chaque côté sous forme d'éventail. En outre, par suite de cette extension extrême, le dos de la main s'aplatira au point que la place interne viendra facilement à toucher, ce qui, pour des raisons palpables, doit être évité avec précaution. En ce qui concerne l'attaque simultanée de plusieurs touches, dans l'extension de la main comme dans celle des doigts, l'élévation des doigts ne peut et ne doit s'exécuter que par le *seul* moyen de l'articulation du poignet ou du coude.

En attendant, il arrive dans la musique pratique que, par suite de l'écart nécessaire entre les doigts, les extrêmes 1—5 ne peuvent plus atteindre *simultanément* les deux touches qui forment les limites de la position. Une semblable *sur-extension* de la main renferme donc une transgression des doigts extrêmes *au-delà* des limites naturelles de l'extension, ce qui implique au fond une sorte de contradiction, dont la *dualité* s'exprime par la conjonction réelle de *deux* positions. Cette dualité se traduit par conséquent aussi dans les *mouvements* du toucher, qui s'exécutent sans déplacement de doigts, alternativement *au-dedans* et *au-dehors* des limites d'une position normale à l'état d'extension. Il en résulte aussi que la main semble être dans une espèce de mouvement oscillatoire de *va-et-vient*, dans lequel l'articulation du poignet joue naturellement un rôle conducteur et médiateur. Ce mode d'exécution trouvera particulièrement son application dans les accords *arpégés*, *brisés* et *trémulés*, tels qu'ils ont été définis plus haut.

Remarquons à l'égard de ce mouvement oscillatoire de la main, que l'articulation du poignet y sera naturellement un peu plus élevée que d'ordinaire, et que la ligne de son *va-et-vient* sera toujours un peu courbée et bombée, sous forme d'arc. Il va sans dire que ce mouvement doit s'exécuter avec grâce et souplesse, en veillant avec précaution sur l'exactitude des touches occupées par les doigts écartés et à moitié affermis, qui ont toujours à se plier suivant les exigences du moment.

3° La *transposition supérieure* des doigts est un véritable moyen pour l'élargissement de la position, parce qu'il conduit toujours *hors* des limites d'une position, sauf quelques rares exceptions.

Dans la transposition supérieure des doigts 2, 3, 4, 5 entre eux, la facilité d'exécution dépend encore particulièrement de leurs rapports réciproques de longueur. C'est ainsi que le doigt 3, comme étant plus long que ses voisins 2 et 4, se transpose assez facilement sur chacun d'eux, tandis que ceux-ci éprouvent une certaine difficulté pour se transposer par-dessus le premier. Quant à la transposition supérieure des doigts intermédiaires 2, 3, 4, elle se fait presqu'avec une égale facilité sur chacun des deux extrêmes 1 et 5, qui sont plus courts et situés plus bas.

Suivant les rapports de conformation naturelle entre les doigts, la *distance* et la *direction* dans les mouvements de transposition supérieure exercent également ici une influence particulière sur la facilité d'exécution. En ce qui concerne les trois doigts intermédiaires, ils peuvent transposer à droite et à gauche ; mais la direction la plus naturelle de leurs mouvements latéraux est, ainsi qu'on le sait, vers le côté du pouce ; néanmoins le doigt 4 se transpose plus facilement du côté opposé, parce qu'il y trouve un doigt plus court que de l'autre côté.

La transposition supérieure repose sur l'emploi simultané de l'extension des doigts et de la contraction de la main, et là, où elle a lieu, elle exige, comme la transposition inférieure, un doigt *fixé* sur une touche, savoir celui-là même, *par-dessus* lequel un *autre doigt* disponible doit être transposé sur une *autre touche libre*. Voilà pourquoi la véritable transposition supérieure se caractérise comme un déplacement de doigts par *voie supérieure*, ainsi que cela peut avoir lieu sur une touche plus ou moins éloignée.

Les *mouvements* de la transposition supérieure exigent de la souplesse et de la flexibilité dans les doigts, ainsi qu'une certaine élasticité dans toute la main, surtout dans l'articulation du poignet ; ils s'exécutent par le chemin le plus court, rapidement et sans participation active de la main.

CHAPITRE X.

CHANGEMENT DE POSITION ET PROGRESSION DE LA MAIN.

Notions préliminaires.

127. — Lorsque les deux points extrêmes d'une position se déplacent à la fois dans la même direction, il en résulte un *changement de position*. Ce changement est *complet*, lorsque toute la main se déplace dans la même direction; mais il est *incomplet*, lorsque pendant le déplacement des doigts extrêmes, un ou plusieurs doigts intermédiaires conservent leur position primitive.

Chaque espèce de changement de position peut être produit de deux manières différentes, savoir : en *un* seul moment ou en *deux*. — Lorsqu'un changement *complet* se fait dans *un* seul moment, il a toujours lieu subitement et *sans préparation*, et comme tel, il exclut le legato absolu ; lorsqu'il se fait, au contraire, en *deux* moments, il a lieu successivement et par *voie de préparation*, ce qui permet la succession legato. — Là, où un changement *incomplet* se fait en *un* moment, il a toujours lieu par le déplacement *simultané* des doigts extrêmes dans la même direction, pendant que les doigts intermédiaires conservent leurs précédents rapports de touche; là, où il se fait en *deux* moments, il repose toujours sur le déplacement *successif* des deux doigts extrêmes.

Les *transformations* et les *changements* de position sont très-proches parents entre eux et se fondent souvent les uns dans les autres, car les *moyens d'exécution* des transformations sont aussi ceux des changements de position. Les uns et les autres sont le résultat des mouvements latéraux, tels qu'ils ont été décrits précédemment (120-125), suivant leur forme et leur mode d'exécution.

128. — D'après tout ce qui a été dit plus haut, la *forme extérieure* de toutes les modifications de position peut se concevoir dans le sens de l'*unité* ou de la *dualité*. En effet, toute position qui a la forme normale pure dans l'ordre consécutif des 5 doigts (à l'état d'extension ou de contraction), se montre dans le sens de l'*unité*, parce que c'est une position *achevée* et *finie;* tandis que toute autre position qui renferme une transposition *supérieure* ou *inférieure* des doigts, se montre dans le sens de la *dualité*, parce que la main, par suite de la transposition des doigts, se trouve dans *deux* positions à la fois : cette dualité dans l'état de la position est le moment de *transition* vers une nouvelle unité de position.

129. — La *transition* d'une position à une autre renferme naturellement aussi un mouvement particulier, qui, en opposition avec celui de l'intérieur d'une position

fixe, est un mouvement progressant *hors* de celle-ci : la *progression* est donc le moyen pour opérer un changement de position, et tous deux sont identiques. Cependant la progression distincte comprend toujours un déplacement complet de toute la main avec ses doigts, tandis qu'un changement incomplet laisse la main toujours plus ou moins dans sa position primitive. Voilà pourquoi, dans le sens d'un changement complet, il faut distinguer entre la progression qui se fait en *un* moment et celle qui se fait en *deux* moments ; dans le premier cas, la progression est dite *non préparée*, parce que toute la main se déplace *subitement* ; et dans le second cas, elle est dite *préparée*, parce que la main ne se déplace que *successivement* et *peu à peu*.

130. — La progression de toute la main en *un* moment ne peut jamais être *liée*, car la liaison ne peut se réaliser que dans un moment intermédiaire ; une semblable progression subite s'opère principalement par la main qui emporte les doigts ; par conséquent la main est *active*, pendant que les doigts restent *passifs*. — La progression en *deux* moments renferme dans le premier l'acte de *préparation*, et dans le second, l'acte de *progression* ; la préparation se fait par les doigts *seuls* et la main suit le mouvement des doigts ; par conséquent les doigts sont *actifs*, pendant que la main reste *passive*.

La préparation au moyen des doigts repose sur la *transformation* de l'ancienne position par le déplacement préparatoire des doigts dans l'intérieur de celle-ci, ou aussi par le déplacement préalable des doigts extrêmes en dehors des anciennes limites. D'où il suit que les moyens mécaniques de la transformation et du changement de position sont également ceux de la progression ; mais la véritable progression de la main consiste réellement dans les mouvements *latéraux*, tels qu'ils peuvent se présenter sous forme de *laisser-aller*, de *portando*, de *conversion*, etc...

131. — Dans la progression non préparée où toute la main se déplace en un seul moment, le legato absolu devient impossible, par la raison que le dernier doigt de l'*ancienne* position est obligé de quitter sa touche, avant que la première touche de la *nouvelle* position ne puisse être attaquée. Mais dans la progression préparée, qui se fait en deux moments successifs, le legato absolu devient naturellement possible, par la raison que l'abandon de l'ancienne touche et l'attaque de la nouvelle tombent dans un *seul* et même moment, ce qui constitue, ainsi qu'on le sait, mécaniquement l'essence de la succession legato.

D'après cela, il ne s'agit toujours dans la progression que du rapport entre les moments III et II de deux sons consécutifs appartenant à deux positions différentes. Si entre le moment III, le repos du doigt précédent et le moment II, l'attaque du doigt suivant, il tombe encore un nouveau moment I par le relèvement du doigt précédent, la succession ne peut être que *staccato*; mais si le nouveau moment I du doigt précédent et le moment II du doigt suivant tombent dans un seul et même moment, la succession est toujours *legato*.

132. — Le *mode* de progression est déterminé par le *rapport local* du premier et du dernier son de deux positions consécutives et par la *possibilité* d'un doigté convenable pour la succession correspondante. Si le rapport local est assez petit pour permettre la préparation des doigts, la progression pourra toujours se réaliser par la voix du *legato*; mais si le rapport local est trop grand pour permettre la préparation des doigts, la progression ne pourra se réaliser que par la voie du *staccato*. Sans doute, la sonorité brève ne peut être *déterminante* ici,

parce qu'elle exclut naturellement la *liaison* dans la succession des sons ; de là la ***nécessité*** de l'emploi de la pédale pour les cas où la succession legato doit avoir lieu dans une progression non préparée. Mais il existe néanmoins une succession *staccato* qui, en tant qu'elle comprend aussi une succession de doigts, repose sur les mêmes ***règles de doigté*** que la succession legato dans le changement de position et dans la progression.

1. — Modes de Progression non préparée.

133. — Les moyens de progression *non préparée* se présentent sous *quatre* formes caractéristiques différentes, savoir : 1° le ***déplacement latéral*** des doigts et de la main, 2° le *glissando latéral* des doigts et de la main, 3° le *changement de doigts* avec progression de la main, 4° enfin le ***saut latéral*** de toute la main.

1° La progression par *déplacement latéral* a lieu lorsque les doigts et la main se déplacent à la fois dans la même proportion et dans la même direction. Ce déplacement ne peut toutefois se faire que dans des limites restreintes, parce qu'il doit dissimuler l'inévitable lacune dans la succession des sons et que par une plus grande évolution, il se transformerait nécessairement en saut latéral, avec lequel il est du reste proche parent.

Le *mouvement* du déplacement latéral des doigts a déjà été décrit précédemment ; quant à celui de la main, il exige une adresse particulière pour le maniement de sa plus grande masse d'attaque. Déjà pendant leur repos sur les dernières touches, la main et les doigts doivent en quelque sorte *pressentir* le nouveau point d'attaque, et tous les nerfs et muscles doivent à l'avance y diriger leur intention. L'articulation du poignet doit se plier dans la direction latérale voulue (autant que possible déjà avant le mouvement), afin de donner à la main une traction vive et rapide ; par ces préparatifs, une partie du mouvement se trouve déjà accomplie. Dans la succession legato, la masse d'attaque doit se mouvoir si rapidement, qu'elle semble être *ici* et *là* à la fois, sans que l'on puisse remarquer le moment de transition de l'un à l'autre ; la main et la pointe des doigts doivent demeurer en contact continuel avec la surface de toucher et arriver au point d'attaque comme si une vague rapide les y avait roulées.

2° La progression par *glissando latéral* a lieu lorsque les doigts et la main glissent à la fois dans la même direction et sur la même surface. Le mouvement du glissando peut s'étendre à un nombre indéfini de touches blanches consécutives, en faisant glisser un ou plusieurs doigts en ligne droite sur la surface du clavier. Dans ce but, les doigts s'allongent plus ou moins et retournent leurs pointes, de manière à présenter l'ongle à la surface des touches, en même temps que la main s'incline du côté où va la direction du mouvement. Le *glissando* n'exigeant qu'un seul mouvement pour un grand nombre de touches, se prête à une vitesse telle, qu'il est impossible de la réaliser par tout autre moyen d'exécution.

3° La progression de la main au moyen du *changement de doigts* a lieu lorsque toute la main passe de sa position dans une autre à l'aide du mouvement des doigts qui se succèdent alternativement. Dans ce cas, la progression exige un léger flottement du dos de la main, afin que les doigts ne soient pas entravés dans leurs mouvements par la pression de la main. Quant au changement de doigts, il s'exécute d'après les indications données en lieu et place.

4° La progression au moyen du *saut latéral* devient nécessaire là, où la succession de deux touches ne peut se réaliser par la préparation de deux doigts correspondants. Dans ce cas, le mouvement latéral ne peut s'exécuter qu'au moyen de l'articulation du poignet *avec* ou *sans* coopération de celle du coude. Mais un semblable changement de position comporte toujours un déplacement de l'avant-bras : de là, la nécessité du saut latéral.

Le mouvement d'élévation à son départ se fait toujours en ligne verticale, puis en ligne courbe jusqu'au-dessus du point d'attaque, pour tomber de là en ligne droite sur la touche : suivant l'éloignement des points de départ et d'arrivée, la ligne courbe du saut latéral se rapprochera plus ou moins de la forme ronde ou ovale. Le choix d'une semblable forme courbe dépend du *temps* donné : plus il est *court*, plus la ligne sera *ovale* et *basse* ; plus il est *long*, plus la ligne sera *arrondie* et *élevée*. — L'exécution du saut latéral exige de l'élasticité dans l'élan, de la légèreté dans la masse d'attaque, de la flexibilité dans les articulations et de la sûreté dans l'attaque. Ce dernier point, qui sollicite les plus grands soins, doit être affaire d'honneur pour tout pianiste cultivé.

2. — Modes de Progression préparée.

134. — Les moyens de progression *préparée* se présentent sous les quatre formes caractéristiques suivantes : 1° la *substitution des doigts* avec progression de la main, 2° la *contraction* et l'*extension des doigts* avec progression de la main, 3° la *transposition réciproque des doigts* avec conversion de la main, 4° enfin, la *superposition réciproque des mains*.

1° La progression au moyen de la *substitution* des doigts s'exécute tout simplement, en laissant aller la main librement à sa nouvelle position, sitôt que la substitution des doigts est réalisée. Cependant dans, l'intérêt de l'attaque suivante et de la sûreté de position, la progression de la main doit se faire avec souplesse et légéreté, à l'aide de l'élasticité de l'articulation du poignet.

2° La progression au moyen de la *contraction* et de l'*extension* des doigts consiste à ramener l'un des doigts extrêmes dans l'intérieur de la position et d'étendre ensuite l'extrême opposé dans la même direction *au-delà* de sa position primitive; on peut aussi faire une semblable opération en sens contraire. Par la contraction de l'un des doigts extrêmes il se produit naturellement un rétrécissement de position, mais par l'extension de l'autre, dans le même sens, la position s'élargit de nouveau, en même temps que la main se déplace dans la même proportion. La contraction forme donc le moment de transition dans une nouvelle position, telle qu'elle résulte des nouvelles limites des doigts extrêmes; par conséquent ce mode d'exécution réalise la succession dans la progression par la voie du legato. Les mouvements de ce mode de progression sont faciles en eux-mêmes, puisqu'ils n'exigent que de la souplesse et de la légèreté dans la main.

3° La progression au moyen de la *transposition réciproque* des doigts a lieu, lorsque la main exécute un mouvement de *conversion* après l'acte de la transposition. Si l'ordre normal des cinq doigts consécutifs exprime l'unité de position, leur transposition réciproque entre eux marque une sorte d'état de transition, de *dualité*, qui doit se résoudre en une nouvelle unité de position, dont le doigt transposé devient le médiateur. En effet, la nouvelle position subsiste réellement, aussitôt que tous les autres doigts se placent dans leur ordre naturel *autour* ou *à côté* de lui, ce qui se fait toujours au moyen d'un mouvement de *conversion* qu'exécute la main à droite ou à gauche, suivant la direction du doigt transposé. Par là, la nouvelle position se trouve naturellement plus ou moins éloignée de la précédente, suivant que la transposition s'étend plus ou moins vers l'un ou l'autre côté.

Ce mode de progression se distingue essentiellement de tous les autres par son organisme naturel, en ce qu'il se fait pour ainsi dire tout seul dans le toucher, dont il constitue en quelque sorte l'âme. Le nombre des doigts d'une même main se multiplie à l'infini par la transposition réciproque avec conversion de la main, en ce sens que chaque doigt transposé tombe toujours sous la *double signification* d'être à la fois doigt *final* et doigt *initial*: comme médiateur, il est le *dernier* de l'ancienne position et le *premier* de la nouvelle.

Le mouvement de *conversion* de la main doit s'exécuter avec autant de discrétion que celui de la transposition réciproque des doigts, en évitant surtout de troubler le repos du doigt déjà transposé. Dans l'intérêt de la succession et de la facilité d'exécution, le mouvement de conversion doit déjà être *pressenti* par les doigts et la main dans le moment même de la transposition des doigts, afin que la main puisse prendre sa nouvelle position dans un *seul* mouvement. Ce mode de progression, qui est à la fois le plus fréquent et le plus difficile, a une telle importance, qu'un mauvais mécanisme dans son exécution peut exercer les plus funestes influences sur tout le toucher d'un pianiste.

4° La progression au moyen de la *superposition réciproque* des mains se fait en croisant les mains plusieurs fois de suite dans la même direction. Dans l'exécution de ce moyen de progression, qui a une grande analogie avec la transposition réciproque des doigts, les deux mains se trouvent *alternativement* l'une sur l'autre, ce qui modifie naturellement les précédentes règles relatives aux rapports de surface du clavier. Dans la première transposition, la main *à mouvoir* passe toujours *par-dessus* celle qui reste en place (à moins d'un avis contraire), parce que l'espace libre au-dessus de la main en repos lui en facilite le mouvement. De là, on désigne la main qui se meut, comme *main supérieure*, en opposition avec l'autre, comme *main inférieure*.

Nous venons d'indiquer le mouvement de la main supérieure, il nous reste à envisager celui de l'autre main. Celle-ci quitte le clavier avec la première attaque de la main transposée dans la nouvelle position, en se retirant quelque peu en arrière et en descendant, pour se porter en ligne courbe *latérale* à sa nouvelle position, où elle se place au moment de l'attaque à côté de la main supérieure. L'exécution de ce mouvement exige de la légèreté dans la main et de la souplesse dans l'articulation du poignet.

3. — Modes de Progression combinée.

135. — Les modes de progression combinée trouvent leur application aussi bien dans les successions simples que dans les successions multiples.

Dans la combinaison des différents modes de progression, il faut avant tout distinguer entre ceux qui sont *conformes*, et ceux qui sont *contradictoires* dans leurs conditions fondamentales. Or, par suite de ces conditions fondamentales, certains modes de progression se produisent essentiellement *sur* les touches, tandis que d'autres exigent nécessairement l'élévation de toute la main *au-dessus* de la surface du clavier. Mais dans cette *fixation* des doigts et cette *élévation* de toute la main, il existe des antithèses qui ne se laissent pas *unir*, car la main ne peut être *à la fois* sur les touches et en l'air.

Par conséquent, les modes de progression simple, qui diffèrent si essentiellement dans leurs conditions fondamentales, ne sont nullement propres à s'unir dans une combinaison.

136. — Parmi les modes de progression *non préparée*, qui fixent la main plus ou moins *sur* ou *à* la surface du clavier, on distingue ceux au moyen du *déplacement latéral*, du *glissando latéral* et du *changement des doigts* ; quant aux modes de progression *préparée*, ils renferment tous le legato en eux, excepté la superposition réciproque des mains, qui peut être liée ou détachée. L'*élévation absolue* ou l'*enlèvement absolu* de la main *au-dessus* du clavier ne devient nécessaire que dans les progressions au moyen du *saut latéral* et de la *superposition réciproque* des mains : le premier exclut naturellement le legato.

D'après ce qui précède, les modes de progression non préparée donnent, à l'occasion, les combinaisons suivantes pour une *seule* main :

Déplacement latéral et glissando latéral ;

Déplacement latéral et substitution des doigts ;

Glissando latéral et changement de doigts.

Parmi les seuls modes de progression préparée, on obtient les combinaisons suivantes :

Substitution, contraction et extension des doigts ;

Substitution et transposition réciproque des doigts avec conversion de la main ;

Contraction et transposition réciproque des doigts avec conversion de la main ;

Transposition supérieure et inférieure des doigts.

Parmi les modes mélangés, on obtient les combinaisons suivantes :

Déplacement latéral et substitution des doigts ;

Déplacement latéral, contraction et extension des doigts ;

Déplacement latéral et transposition réciproque des doigts avec conversion de la main ;

Glissando latéral et substitution des doigts ;

Glissando latéral, contraction et extension des doigts ;

Glissando latéral et transposition réciproque des doigts ;
Changement et substitution des doigts ;
Changement, contraction et extension des doigts ;
Changement et transposition réciproque des doigts ;
Saut latéral et transposition réciproque des doigts ;
Saut latéral et superposition réciproque des mains, etc.

Toutes les autres combinaisons possibles reposent dans leur nature sur l'une ou l'autre de celles qui précèdent. Quant aux exercices d'application pratique de tous les moyens d'exécution décrits dans le présent système, on en trouvera des exemples nombreux et variés dans notre *École pratique du Pianiste*.

CONCLUSION.

Nous ne prétendons pas avoir épuisé la matière traitée dans les divers chapitres que contient cet ouvrage. L'art du piano offre un champ si vaste, qu'un auteur didactique, s'il veut se ménager quelque chance d'être lu et compris, doit se borner aux éléments essentiels.

Nous avons moins encore la prétention de croire que notre livre puisse suffire pour apprendre à jouer du piano tout seul ; mais nous pensons y avoir élucidé les seuls et vrais moyens pratiques qui puissent conduire à une exécution sûre, régulière, facile, et partant artistique. C'est du moins dans ce sens que nous avons conçu le présent ouvrage, et par cela même nous avons la conviction d'avoir introduit dans l'enseignement du piano des ressources nouvelles basées sur des phénomènes naturels, c'est-à-dire des *faits* dont chacun peut constater l'exactitude.

Si donc nous ne nous trompons, ce livre pourra bien renfermer tout ce qui constitue l'essence du *mécanisme fondamental du toucher*, comme base technique de l'art du piano. Et s'il est incontestable que ce qui arrive à l'intelligence s'apprend bien mieux et beaucoup plus vite que ce qui n'est que le résultat d'un long travail et de la routine, nous aurons atteint notre but, si nous avons pu initier à l'art du piano et faire comprendre le mécanisme des moyens d'exécution. On nous objectera peut-être que l'on peut apprendre à bien jouer du piano sans connaître tout cela, et que de tout temps on a formé de grands pianistes sans le secours de cette connaissance. Sans doute, mais rien ne nous démontre que ces grands artistes n'aient puisé à cette source les plus belles qualités de leur brillant talent, et d'ailleurs, il sera temps de relever une objection dont le bon sens fait justice à lui tout seul, le jour où elle se produira publiquement et sérieusement. En attendant, au moins ne pourra-t-on contester que cette connaissance théorique ne soit indispensable à celui qui veut devenir professeur lui-même, puisque sans elle il lui serait impossible de se rendre compte de ce qu'il enseigne et de le faire comprendre à son élève.

Considérée sous ce point de vue, cette première partie de notre travail se présente donc comme la base de tout l'élément mécanique du toucher, tel qu'il résulte de tous les mouvements employés par un virtuose achevé. Chacun de ces mouvements y est l'objet d'une description détaillée, et le système les coordonne suivant leur relation organique, pour montrer la nature et la sphère d'activité de chacun d'eux dans le vaste champ de l'application technique. Mais il va sans dire qu'une telle forme systématique ne peut rien avoir de commun avec la *marche à suivre* dans l'enseignement vivant, qui doit se modifier sans cesse selon l'individualité de chaque élève particulier, ainsi qu'il sera montré en lieu et place dans la deuxième partie de cet ouvrage.

Nous pensons donc que là, où tout ce que renferme le présent système sera étudié à fond, compris et appliqué consciencieusement selon les prescriptions, on devra obtenir de bons résultats, savoir : *former de bons maîtres* — et par ceux-ci de *bons élèves*. Dans cet espoir, nous livrons notre travail à la publicité et nous le soumettons avec une entière confiance au jugement impartial de nos confrères et de tous ceux qui aspirent sympatiquement avec nous vers l'*unité d'enseignement* et la *communion d'idées* si nécessaires et si utiles dans les arts. Nous recevrons toujours avec reconnaissance les observations critiques qui nous seront faites, après *expérience*, pour le perfectionnement de notre ouvrage.

FIN DU SYSTÈME.

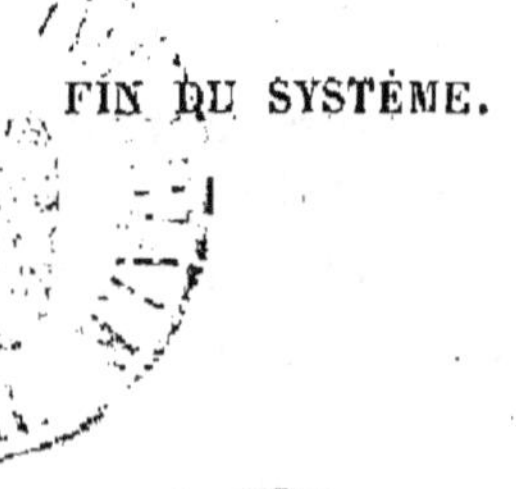

TABLE SYSTÉMATIQUE DES MATIÈRES.

INTRODUCTION.

Première Partie.

SYSTÈME DU MÉCANISME FONDAMENTAL.

CHAPITRE I.

CHAPITRE II.

FIN DE LA PREMIÈRE PARTIE.

Tonnerre. — Imp. et Autog. Hérisé.

www.ingramcontent.com/pod-product-compliance
Lightning Source LLC
LaVergne TN
LVHW020026170826
845678LV00001B/142

9782329755380